# ETAT SOMMAIRE
## DU PROCE'S PENDANT ET INDECIS
### PAR DEVANT NOSSEIGNEURS
### LES COMMISSAIRES NOMME'S PAR
### SON ALTESSE ROYALE.

ENTRE Meſſire Charles d'Ourches, Chevalier, Seigneur de Cercueil, &c. Mareſchal de camp des armées
du Roi Tres-Chrétien, Demandeur, & Défendeur.

ET Meſſires Charles Loüis de Vidampierre, Chevalier,
Seigneur de Sauville, &c. Jâques de Vidampierre, Chevalier, Seigneur de Parey ſous Montfort, &c. Capitaine
au Regiment des Gardes de SON ALTESSE ROYALE,
& Nicolas de Vidampierre, pareillement Deff. & Dem.

### PREFACE.

A queſtion qui eſt à juger, eſt de ſçavoir, ſi
Meſſieurs de Vidampierre ont raiſon de prétendre au nom & aux armes de la maiſon
d'Ourches, ou ſi au contraire, le Sr. d'Ourches doit les porter à leur excluſion.

Si ce dernier plaide pour ſe conſerver ces
marques glorieuſes d'une nobleſſe ancienne,
c'eſt qu'elles ont été aquiſes à trop haut prix
par ſes ancêtres, pour ſoûfrir qu'elles paſſent dans une famille étrangeres, & s'il s'eſt plaint de l'uſurpation qui en a été faite juſqu'au

A

tribunal de Son Altesse Royale il ne faut pas s'en étonner, puisqu'on a vû autrefois deux Princes Grecs prétendans aux feules armes d'Achilles, porter leur difpute jufqu'à celui d'Agamemnon.

Ce qu'on veut ôter au Sieur d'Ourches, eft le prix des travaux de fes Peres, & puifqu'il ne refte de tant de grands hommes, que le nom & les armes, il s'eft fait un point d'honneur de les conferver dans fa perfonne, & de faire paffer à la pofterité ces illuftres monumens de leur gloire.

*De tam magno reftat Achille*
*Nefcio quid. . . . . . . . . .*
*At vivit, totum, qua gloria, compleat orbem.*

Ovid. m:t.
l. 12.

### Fait & procedure.

Les Sieurs de Vidampierre alarmés de ce qu'une Demoifelle de leur nom, n'avoit pas eu à la Cour le rang qu'elle avoit efperé, & craignans que ce refus ne fut l'éfet de quelque doute touchant la nobleffe de leur famille, firent leurs remontrances à Son Altesse Royale & la fuplierent de leurs nommer des Commiffaires pour examiner l'état & l'ancienneté de leur maifon; ce qui leurs fut acordé

Ils drefferent d'abord un arbre de ligne, par lequel ils prétendiren juftifier qu'ils décendoient de la maifon d'Ourches, & qu'ils avoien droit d'en porter le nom & les armes; mais le Sr. d'Ourches en ayan été informé par le bruit public, traverfa leur deffein, & fuplia tres humblement Son Altesse Royale de lui permettre de prendre communication tant dudit arbre de ligne, que des pieces juftificatives pour les contredire.

Ce fut pour lors, que lefdits Srs. de Vidampierre prirent à parti ledit Sr. d'Ourches, & donnerent leur requête à Son Altesse Royale le 27. Décemb. 1709. tendante à ce que ledit Sr. d'Ourches lui-même, eut à produire les titres juftificatifs de fa Genealogie entre les mains de Meffieurs les Commiffaires pour être contredits, & que cependant ils fuffent maintenus & gardés en la poffeffion du nom & des armes d'Ourches, avec défenfes audit d'Ourches de les y troubler.

Le Sieur d'Ourches a pris à peu prés la même voye, de forte qu'il a été ordonné qu'ils produiroient leurs titres refpectivemen entre les mains de Mrs. le Marefchal de Beauveau, de Beaufremont & de Serres, Confeillers d'Etat, Commiffaires nommés en cette partie

Les parties ont fait diferentes productions soûtenuës & contredites de part & d'autre. Le Sieur d'Ourches croit avoir justifié qu'il est décendu de la maison d'Ourches, & renversé toutes les prétenduës preuves des Sieurs de Vidampierre; mais comme ces écritures font un peu longues, à cause de la consequence de la matiere, il s'est proposé d'en faire l'analyse dans le present sommaire, en suivant l'ordre des productions.

### Premiere production du Sieur d'Ourches.

Cette production contient plusieurs pieces, & prouve cinq dégrés de filiation bien suivie, depuis Charles d'Ourches II. du nom, jusqu'à Didier d'Ourches inclusivement.

Charles d'Ourches II. du nom, Demand. en la cause. — fils de
Charles d'Ourches I. du nom, époux de Françoise
Collignon de Silly. — — — — — — — — — fils de
Henry d'Ourches, époux de Madeleine de Breüil. — — — fils de
Nicolas d'Ourches, époux d'Antoinette de S. Belin. — — fils de
Didier d'Ourches, époux d'Alix de Bilistein. — — — — fils de
Robert d'Ourches, époux de Jeanne Guyot de Bullizy.

### Preuve du premier dégré.

Le premier dégré est prouvé par l'extrait Batistaire de Charles II. & par ses deux contracts de Mariage, l'un du 9. Janvier 1707. avec Loüise de Diétreman sa premiere femme : l'autre du . . . . . avec Anne le Goulon de Champel, dans lesquels actes il est qualifié fils de Charles I. & de Françoise Collignon de Silly. Ces actes font produits.

### Preuve du second dégré.

Elle est tirée du contract de Mariage de Charles I. avec Françoise Collignon de Silly, du 22. Mai 1657. où il est qualifié fils de Henry d'Ourches, & de Madeleine de Minette de Breüil. Ce contract est produit.

### Preuve du troisiéme dégré.

Elle est tirée du contract de Mariage de Henry d'Ourches avec Madeleine de Minette de Breüil, du 30. Mai 1617. où il est qua-

4

lifié fils de Nicolas d'Ourches, & d'Antoinette de S. Belin.

Ce Henry fut obligé de se conformer à l'Edit de 1640 à cause de la terre de S. Vrain en Champagne, où il résidoit pour lors.

D'un inventaire des titres & pieces justificatives de la noblesse dudit Henry, produit en execution de l'Edit de 1640. par devant les Commissaires établis par le Roi Tres-Chrétien, par lesquels titres il est justifié qu'il est Chevalier, issu de Chevalier, & de l'ancienne Chevalerie de Lorraine, qu'il est fils de Nicolas d'Ourches, ledit Nicolas fils de Didier, & Didier fils de Robert d'Ourches, tous vivans noblement, & issus des plus anciennes familles de Lorraine.

De l'arrêt rendu par lesdits Commissaires le 2. Mars 1641. par lequel ledit Henry est reconnu fils de Nicolas, petit fils de Didier, & arriere petit fils de Robert d'Ourches. L'arrêt est produit en original.

### Preuve du quatriéme dégré.

Elle est tirée du contract de Mariage, de Nicolas d'Ourches, avec Antoinette de S. Belin, Comtesse de Bielle, du . . . . . . . où il est qualifié fils de Didier d'Ourches, & d'Alix de Bilistein.

D'un acte de renonciation fait par Olry d'Ourches second fils de Didier d'Ourches & d'Alix de Bilistein, à la succession de ses pere & mere, au profit de Claude & Nicolas ses freres. Ces deux actes sont originaux & produits.

Ce Didier aquêta la moitié de la terre de Cercüeil, en 1574. le surplus a été aquêté dans la suite, & est actuellement toute entiere dans la maison d'Ourches Le contract d'aquêt est produit.

### Preuve du cinquiéme dégré.

Elle résulte d'une enquête de 1583. faite par les Commissaires de l'Ordre de Malthe, pour la réception de Charles fils de Didier, dans laquelle les Sieurs d'Haraucourt, de Marcossey, de Liseras & de Vigneules, ont atesté que ledit Charles étoit fils de Didier & d'Alix de Bilistein, & que Didier étoit fils de Robert d'Ourches & de Jeanne de Bullizy.

On a joint à cette enquête, le contract de Mariage dudit Didier avec Alix de Bilistein du 4. Décembre 1554.

Avec le contract de vente de la terre de Vadoncourt qu'il avoit eu de Robert son pere, passé au profit de Jean de Vatronville & de Jeanne de Housse son épouse du 4. Avril 1558.

Telles sont les preuves dont le Sieur d'Ourches s'est servi pour prouver les cinq dégrés de filiation qu'il s'étoit proposé; il croit l'avoir fait d'une maniere à n'être pas contestée, tous les titres qu'il a produit étant autentiques, & la plûpart originaux. Il est donc en droit de dire avec Tertulien : *Quid isto opere manifestius ? Quid hâc probatione fidelius ? Simplicitas veritatis in medio est, virtus illi sua assistit, nihil suspicari licebit.*

Il a ajoûté pour finir sa production trois pieces, qui prouvent l'honneur que les Ducs de Lorraine ont toûjours fait à sa maison, & le rang qu'elle a tenu dans leurs Etats.

La premiere est une lettre du grand Duc Charles III. du nom, du 23. Novembre. 1594. adressée au Sieur d'Ourches, qui l'invite à se trouver aux assises.

La seconde est une autre lettre du même Duc du 29. Novembre 1597. adressée à Madame d'Ourches pour l'inviter au mariage de Monsieur le Comte de Vaudémont avec Mademoiselle de Salmes.

La troisiéme est un résultat des Etats Generaux tenus à Nancy le 15. Avril 1602. dans lequel le Sieur d'Ourches est dénommé dans le premier département des Gentilshommes. Ici finit la premiere production du Sieur d'Ourches.

### Contredits des Sieurs de Vidampierre.

Ces Messieurs ont été si pénétré de la solidité des preuves du Sieur d'Ourches, qu'ils ne les ont pas contesté, & ont été obligé d'avoüer qu'il étoit de la maison d'Ourches; mais ils ont soûtenu qu'ils en étoient aussi, & pour le prouver, ont produits quatorze pieces qui font leur premiere production signifiée le 18. Mars 1710.

La premiere piece est le procés verbal de la convocation des Etats pour la rédaction de la coûtume de Bar en 1579. où on trouve au rang des nobles, sous le titre d'Ecuyers, Loüis, Jean & Thomas d'Ourches, Seigneur de Delouse, auteur desdits Sieurs de Vidampierre, & dont l'un possede actuellement ladite terre de Delouse.

La seconde est une lettre du Duc Charles IV. du 29. Mars 1663, adressée au Sieur d'Ourches de Vidampierre, Bailly de S. Mihiel, pere de Charles d'Ourches de Vidampierre.

La troisiéme est une lettre du Roi Tres-Chrétien du 6. Mars 1656. adressée au même sous le titre de Colonel de Cavalerie.

La quatriéme est un extrait des remarques du Sieur de Serocourt, qui marque ledit d'Ourches Colonel, parmi ceux qui avoient droit d'assister aux assises.

La cinquiéme est le Heraux d'armes nommé Calot, dans lequel

ón trouve Jean d'Ourches époux d'Efther de Bar, Thomas d'Ourches II. du nom, époux de Claude de Forcelles, & Thomas d'Ourches I. du nom, époux d'Alix de Gombervaux, auteur defdits Srs.
de Vidampierre.

La fixiéme eft l'extrait Batiftaire de Loüis Charles d'Ourches de
Vidampierre du 26. Juin 1662. où il eft qualifié fils de Jâques
d'Ourches, & de Claude Loüife de la Vallée.

La feptiéme eft un extrait des régiftres de Mariage de la Paroiffe
de Sauville, entre ledit Jâques & Loüife de la Vallée.

La huitiéme eft une tranfaction du 26. Fevrier 1667. où ledit
Jâques eft qualifié fils de François d'Ourches, & de Marguerite
Heraudel.

La neuviéme eft le teftament dudit Jâques du 23. Janvier 1637.

La dixiéme eft un partage du 27. Juin 1581. entre Loüis, Jean
II. & Thomas d'Ourches, de la fucceffion de Jean I. & d'Efther de
Bar, leurs pere & mere.

La onziéme eft un contract d'aquêt de 1521. fait entre Caterine
Jâquart mere d'Alix de Gombervaux, mariée à Thomas I. pere
de Thomas II.

La douziéme eft une tranfaction du 26. Fevrier 1667. où Nicolas François d'Ourches, pere de Jâques d'Ourches, eft qualifié fils
de François d'Ourches & de Beatrix de Bermand fa feconde femme.

La treiziéme eft l'acte tutelaire de Jâques, où il eft nommé fils de
François d'Ourches, & de Marie de Sarrafin.

La quatorziéme eft le contract de Mariage de Claude Antoine
d'Ourches, & d'Elifabeth de Roncourt du 29. Juin 1699. où ledit
Claude Antoine pere du Sieur Nicolas de Vidampierre partie au
procés, eft qualifié fils de François d'Ourches, & de Claudiane
Remy fa troifiéme femme.

Par toutes lefquelles pieces, ils prétendent avoir pleinement prouvé
qu'ils décendent en ligne directe de Thomas d'Ourches I. du nom,
& d'Alix de Gombervaux.

*Réponfe à la premiere production des Sieurs de Vidampierre.*

Si on examine de prés toute cette production, on connoîtra qu'elle
établit pleinement le droit du Sieur d'Ourches, & ne fait rien en faveur des Sieurs de Vidampierre.

Car ils avoüent qu'il a juftifié invinciblement qu'il eft de l'ancienne maison d'Ourches, ainsi les dégrés de filiation qu'il a posé, doivent passer pour incontestables.

Ils n'ont au contraire, rien prouvé par les quatorze pieces qu'ils ont produites, sinon qu'ils décendent de Thomas I. qu'ils sont Gentilshommes; & que quelqu'uns de leurs ancêtres ont porté le nom d'Ourches; mais ils sont encore à montrer, que ce Thomas dont ils tirent leurs filiations, soit décendu de la maison d'Ourches; car enfin s'il en est veritablement originaire, comme ils le prétendent, c'est à eux à montrer, par une filiation bien suivie, que sa branche se réünit en quelque dégré à la tige ancienne, sans quoi on est en droit de leurs soûtenir que ni Thomas ni eux, n'ont jamais été de cette famille, quoi qu'ils en ayent porté le nom. *Ejusdem quidem nominis, sed diversa stirpis.* Cicero de orat.

La preuve qu'ils prétendent tirer de la conformité des noms, est fort équivoque, rien n'étant plus commun, que de voir diférentes familles porter les mêmes noms: souvent à cause des portions de Seigneurie qu'elles aquêtent dont elles retiennent le nom: souvent par l'ambition des particuliers qui se croyent fort honoré, en se parant du nom d'une famille illustre.

Ainsi on vit à Rome plusieurs particuliers prendre les noms de Jule, de Marcel & d'Ovide, quoiqu'ils n'eussent aucune alliance avec ces familles, on peut voir là dessus Valere Maxime qui raporte Lib. 9, cap. 15. des pages entieres, de ceux qui ont eû l'ambition de prendre des noms illustres, & de s'enter dans des familles anciennes.

Ainsi l'on voit en Lorraine les noms d'Haraucourt, de Rosieres, Germiny, Gournay, répandu sur des familles qui ne sont pas même alliées à ces grandes maisons.

Ainsi avons nous vû les maisons de Nancy de Lenoncourt, Nancy du Menil, Nancy de Gombervaux, porter les mêmes noms, sans prétendre néanmoins être issus des mêmes ancêtres.

Et les Srs. de Vidampierre sont tellement persuadé que Thomas dont ils décendent, n'étoit pas de la maison d'Ourches, quoiqu'il portât le même nom, qu'ils n'ont osé produire ses armes, qui étant toutes diferentes, auroient convaincu le public, que ce Thomas n'avoit rien de commun que le nom avec cette noble famille.

Cette seule réponse sappe la plûpart des pieces produites par les Srs. de Vidampierre, parce qu'elles concourent uniquement à prouver qu'ils décendent de Thomas I.

On ajoûtera seulement en passant, que le memoire de Serocourt

eſt fort apocrif n'étant pas ſigné, & que ſon auteur a été tres-ma[l]
informé en donnant rang aux aſſiſes à Jâques d'Ourches auteur de[s]
Srs. de Vidampierre, car il eſt de notorieté que cette maiſon étan[t]
originaire du Barrois, n'y avoit pas d'entrée, cet honneur étan[t]
réſervé aux ſeuls Lorrains, ou Bariſiens qui avoient épouſés de[s]
filles de l'ancienne Chevalerie, on peut voir là-deſſus le crayon d[e]
la nobleſſe de Mathieu Huſſon l'Ecoſſois, imprimé en 1674.

In princ.

Cette verité eſt ſi conſtante, que lors de la rédaction de l[a]
coûtume de Lorraine, les ſeuls auteurs du Sr. Charles d'Ourche[s]
furent convoqués, ſans qu'on ſe mit en peine d'inviter les auteur[s]
des Srs. de Vidampierre, quoique du même nom.

Le Sr. Calot Heraux d'armes ne leurs eſt pas plus favorable
car ſi les auteurs des Srs. de Vidampierre y ſont fourés parmi le[s]
anciennes maiſons, c'eſt par adition, & aprés coup, comme il e[ſt]
aiſé de le voir, cette adition étant faite en marge; aulieu que l[a]
veritable maiſon d'Ourches eſt placée en ſon ordre : auſſi Mathie[u]
l'Ecoſſois dans le livre cité ci-deſſus, ne parle que de la ſeule maiſon dont eſt décendu le Sr. Charles d'Ourches; d'où il eſt aiſé d[e]
conclure, qu'il n'a connu que celle-la; car s'il eut crû qu'elle fu[t]
diviſée en pluſieurs branches, il n'auroit pas manqué d'en parle[r]
comme il a fait de toutes celles de Hárauċourt, Gournay, Châ[-]
telet, &c.

C'eſt donc aux Srs. de Vidampierre d'établir leur Genealogie pa[r]
des preuves de meilleur alloi, s'ils veulent que le public leur donne rang dans l'ancienne maiſon dont ils ſe prétendent originaires
pendant qu'ils en chercheront le Sr. d'Ourches ajoûtera aux preuves qu'il a déja fait, cinq dégrés de filiation bien ſuivie, & no[n]
interrompuë, qui feront la matiere de ſa ſeconde production.

### *Seconde production du Sieur d'Ourches.*

Charles I. époux d'Anne le Goulon de Champel — fils d[e]
Charles II. époux de Françoiſe de Collignon de Silly — fils d[e]
Henry époux de Madeleine de Minette de Breüil — — — fils d[e]
Nicolas époux d'Antoinette de Saint Belin, Comteſſe
de Bielle — — — — — — — — — — — — — — — — — — fils de
Didier époux d'Alix de Biliſtein — — — — — — — — IV. fils d[e]
Robert époux de Jeanne Guyot de Bullizy — — — — — fils d[e]
Jean VI. époux d'Annelle de Receicourt — — — — — fils de
Auber[t]

Aubert I V. époux en secondes nôces de Caterine de
Mandre - - - - - - - - - - - - - - - - - fils de
Jean V. époux d'Isabelle de Foug - - - - - - - - fils de
Aubert I I I. époux de Jeanne de Fontenoy - - - - fils de
Jean I V. époux de Gilette de la Grange.

Le Sieur d'Ourches a déja prouvé les cinq premiers degrés jusqu'à Robert exclusivement, les cinq autres sont à établir.

### Preuve du sixiéme dégré.

Il est justifié que Robert étoit fils de Jean VI. & d'Annelle
de Receicourt, par une copie du partage des successions desdits Jean
& Annelle, entre Aubert, ledit Robert, Alix, Caterine & Cristophe leurs enfans. Robert eut dans son lot la terre de Vadoncourt
& le droit de réméré sur la terre de Meligny.

### Preuve du septiéme dégré.

Est tirée 1°. du même partage par lequel il paroît que la terre
& Seigneurie d'Ourches est tombée à Aubert fils-aîné de Jean VI.
avec toute la succession de Caterine de Mandre son ayeule paternelle
& femme en secondes nôces d'Aubert I V. son pere.

2°. Du tître de fondation de la Chapelle de Sainte Croix en la
Paroisse de Mandre, faite par ledit Aubert & ladite Caterine de
Mandre l'an 1463. dont le patronage apartient à la maison d'Our-
ches.

### Preuve du huitiéme dégré.

Est tirée d'une sentence arbitrale renduë par Robert d'Ourches,
& Jean du Fay l'an 1447. entre Aubert & Jean d'Ourches son
frere, au sujet de la succession de Jean V. & Isabelle de Foug
leur pere & mere. Par ce jugement, le Château d'Ourches fut donné à Aubert.

### Preuve du neuviéme dégré.

Est tirée d'une lettre d'amortissement faite par le Chapitre de la
Catédrale de Toul, en qualité de Seigneur d'Ourches, des biens de

la Chapelle de Saint Nicolas, fondée par Jean V. l'an 1440. dans laquelle lettre il est énoncé que ledit Jean V. étoit fils d'Aubert d'Ourches.

### Preuve du dixiéme dégré.

Est tirée d'une donation faite par Jean IV. audit Aubert son fils de sa part dans vingt livrées de terre de rentes dûës par Gobert d'Apremont en date du troisiéme Janvier 1436.

Toutes les pieces énoncées ci-dessus sont produites au procés, & justifient une filiation non interrompuë depuis trois cens ans & plus : on a toûjours vû depuis ce tems les auteurs du Sieur d'Ourches en possession des armes, & de la terre d'Ourches. Quelle preuve plus complette peut-on lui demander ? *Semper ista audita sunt eadem,* *penes nos insignia esse familia patricia, nos solos nomen habere,* *nos solos arma gerere.*

Livius lib. 10.

On laisse aux Sieurs de Vidampierre le soin de montrer mieux qu'ils n'ont fait jusqu'à present, que Thomas dont ils sont originaires décend de quelqu'uns de ceux, qui viennent d'être nommés, & c'est ce qu'ils ont prétendus faire dans la nouvelle production qui reste à examiner.

### Contredits des Sieurs de Vidampierre.

Ces Messieurs ont reconnu de bonne foi la verité des preuves du Sieur d'Ourches, & n'ont pas jugé à propos de la contester suivans en cela la pensée de Saint Augustin. *Bonum est homini ut eum veritas vincat volentem, quia malum est ut eum vincat invitum ;* *nam ea vincat necesse est, sive negantem, sive confitentem.* Mais comme ils ont reconnu qu'il falloit absolument qu'ils prouvassent que Thomas dont ils prétendent tirer leur origine décendoit des ancêtres du Sieur d'Ourches, ils ont bâtis un Sistême à leur mode, & ont fait la Genéalogie suivante.

August. ad pascentiū.

Thomas I. époux d'Alix de Gombervaux - - - - - fils de

Aubert V. époux en premieres nôces de Marie d'Apremont - - - - - - - - - - - - - - fils de

Aubert IV. époux de Caterine de Stainville - - - - - fils de

Jean V. époux d'Isabelle de Foug, auteur reconnu du Sieur d'Ourches.

*Preuve.*

Ils prouvent 1°. que Thomas est fils d'Aubert V. par l'extrait du Martirologe de Malthe fol. 280. qui marque frere Claude d'Ourches Chevalier, tué en 1571. à la bataille de Lépante, & le qualifie fils de Thomas II. & de Claude de Forcelles, petit fils de Thomas I. arriere fils d'Aubert V. ayeul d'Aubert IV.

2°. Qu'Aubert V. est fils d'Aubert IV. & petit fils de Jean V. par le testament de ce dernier de l'an 1442.

D'où ils concluent, qu'étant décendu de Thomas I. & Thomas I. les auteurs du Sieur d'Ourches, le nom & les armes de ladite maison doivent leurs être communs. Ils ajoûtent qu'ils doivent leurs apartenir à plus juste titres qu'au Sieur d'Ourches, parce que décendans d'Aubert V. & de Marie d'Apremont sa premiere femme, ils sont les aînés, & le Sieur d'Ourches seulement cadet, puisqu'il est décendu dudit Aubert & de Caterine de Mandre sa seconde femme.

*Troisiéme production du Sieur d'Ourches.*

Le nouveau Sistême posé par les Sieurs de Vidampierre a excité la curiosité du Sieur d'Ourches, il a donné tous ses soins pour pénétrer dans les siécles les plus reculés, il a examiné tous les titres de sa maison, éclairci sa Genealogie, tant en ligne directe que collaterale, sans qu'il ait trouvé à y placer les ancêtres des Sieurs de Vidampierre. Il s'est donc proposé dans cette troisiéme production de prouver deux choses.

1°. Que la maison de Vidampierre ne décend de celle d'Ourches ni en ligne directe, ni en ligne collaterale.

2°. Que les titres dont ils se sont servis pour prouver qu'ils en sont décendu, sont évidemment faux.

La preuve de la premiere proposition est tirée de la Genéalogie du Sieur d'Ourches, tant en ligne directe que collaterale depuis 500. ans, sans aucun mélange avec la maison de Vidampierre, comme il est justifié par l'état suivant.

Charles II. époux d'Anne le Goulon de Champel - - - fils de
Charles I. époux de Françoise Collignon de Silly - - - - fils de
Henry époux de Madeleine de Minette de Breüil - - - fils de
Nicolas époux d'Antoinette de Saint Belin, Comtesse
de Bielle - - - - - - - - - - - - - - - - - - - - - - - - - - fils de

I. proposition.

Didier époux d'Alix de Biliftein - - - - - - - - - - - - - fils de
Robert époux de Jeanne Guyot de Bullizy - - - - - - - fils de
Jean VI. époux d'Annelle de Réccicourt - - - - - - - fils de
Aubert IV. époux de Caterine de Mandre - - - - - - fils de
Jean V. époux d'Ifabelle de Foug - - - - - - - - fils de
Aubert III. époux de Jeanne de Fontenoy - - - - - fils de
Jean IV. époux de Gillette de la Grange - - - - - - fils d'
Aubert II. époux de Marie d'Apremont à la merlette - fils d'
Jean III. époux d'Ifabelle d'Apremont à la Croix blanche fils d'
Jean II. époux d'Ifabelle d'Epinal - - - - - - - - - fils de
Jean I. époux d'Ifabelle de Monts - - - - - - - - - fils de
Remy époux de Marguerite de Villey - - - - - - - fils d'
Lambyrin d'Ourches Général & grand Maître de la maifon d'
Thiebault I. Duc de Lorraine, qui vivoit en 1218.

Tous ces dégrés ont été prouvés dans la premiere & fecond
production jufqu'à Jean IV. incluſivement.

### Preuve du douziéme dégré.

Eft tirée de deux reprifes produites au procés, l'une de l'an 1408
faite par Aubert II. du nom, & Marie d'Apremont fa femme
Robert Duc de Bar; l'autre eft de l'année 1409.

### Preuve du treiziéme dégré.

Eft tirée de la genealogie d'Apremont à la Croix blanche, com
pofée par un Pere Augustin & imprimée.

### Preuve du quatorziéme dégré.

Réfulte du droit de prefentation aux Chapelles de Saint Jean
Batifte & de la Madeleine dans le portique de la Paroiffe de Bar
fondée par Jâques de Bar, & augmentée par Jâques d'Epinal fo
gendre, & tranfmis par la fucceffion des femmes à la maifon d'Ou
ches, qui y a nommé en 1463. 1529. 1540. & 1543.

### Preuve du quinziéme dégré.

Eft tirée d'une tranfaction faite entre Jean I. Geoffrois de Salene

& Guillaume de Giſſy ſes Beaux-freres de l'an 1281. où ledit Jean
eſt nommé Jean d'Ourches.

### Preuve du ſeiziéme dégré.

Eſt tirée de deux titres de 1451. & 1463. dans leſquels il eſt
énoncé qu'Aubert IV. auteur du Sieur d'Ourches a herité des biens
de Remy d'Ourches ſon ayeul, qui les avoit eû de Jean de Joinville.

### Preuve du dixſeptiéme dégré.

Eſt tirée du Spicilége de Dom Luc d'Achery Benedictin, qui l'a
eûë d'un auteur contemporain, tom. 3. page 355.

### Branches collaterales de la maiſon d'Ourches.

Jean I. eût un fils nommé Aubertin, fondateur de la Chapelle
de Saint Maur dans la Paroiſſe de Foug en 1300.

Aubertin mourut ſans enfans.

Jean III. eût Thomas, qui épouſa Marguerite Agaſeron, de laquelle il n'eût point d'enfans. Elle vivoit en 1420.

Jean V. eût cinq enfans, Aubert, Robert, Jean, Guillaume, &
Iſabelle.

Jean fils de Jean V. n'eût point d'enfans de Madelonnette de S.
Giarme ſa premiere femme; mais eût d'Alix de Stainville ſa ſeconde
femme, un fils nommé Claude.

Ce Claude eût une fille, mariée à Nicolas de Creuve.

Guillaume fut pere de Jean, Prieur de Saint Thiebault de Vaucouleur.

Robert fut Religieux de Moleſme & Prieur de Saint Thiebault
de Vaucouleur.

Aubert aîné * eſt l'auteur du Sieur Charles d'Ourches.

Iſabelle épouſa Geoffrois de Verriere, dit le Moine, Seigneur d'A-
imanty.

Aubert IV. eût de Caterine de Stainville ſa premiere femme,
Aubert V. & Thomas, morts ſans enfans, avec une bâtarde nommée Eveline, mariée à Jâques de Salemagne.

Ce même Aubert eût de Caterine de Mandre ſa ſeconde femme,
Jean VI. qui fut l'aîné, dont le Sieur d'Ourches a donné la poſte-

* On peut
voir la do-
nation de
Jean de
Joinville
de l'â 1229.
dans les
Archives
de la Caté-
drale de
Toul.
Ce titre
juſtifie l'â-
ciéneté de
la maiſon
d'Ourches
& indique
Beatrix
d'Ourches
femme de
Regnier
de Villey,
beau pere
de Remy
d'Ourches

* ſa genea
logie eſt
raportée
dans l'hiſ-
toire de la
maiſon
d'Ourches
que l'au-
teur don-
nera au

rité, Cristophe, Alardé, Marie, Claude, Madeleine, & Claude, Chevalier de Rhôdes.

Jean IV. eût cinq enfans, Aubert, Robert, Alix, Caterine, & Cristophe, Moine à Saint Vanne de Verdun.

Cristophe I. frere de Jean VI. fut pere de Cristophe II. & d'Adrien I.

Adrien I. eût cinq enfans, Adrien II. Cristophe III. Jeanne, Marie & Renée.

Jeanne épousa Monsieur de Vénois, & a fait la branche de Vénois d'Ourches, éteinte depuis peu.

Marie & Renée ont fait les branches de Marchéville, & de Vaubecourt d'Ourches.

Adrian II. eût Jeanne, mariée à Philbert de Joysel de Betoncourt & d'Hamonville.

Aubert VI. ne laissa que des filles alliées aux maisons de Pinteville & de Vaubecourt.

Alix fut mariée à Mathieu de Brenon, & Caterine à Jean de Bar de Vidampierre.

Robert est auteur du Sieur d'Ourches comme on l'a montré, & a laissé cinq filles dont une a été Religieuse aux Dames Précherelles de Nancy, les autres alliées aux principales maisons de Lorraine.

C'est aux Sieurs de Vidampierre à voir, si dans cette Genealogie, ils peuvent trouver quelqu'uns de leurs ancêtres; c'est ce qu'on n'estime pas: il est donc constant qu'ils ne décendent de la maison d'Ourches, ny en ligne directe, ny en collaterale. Reste à montrer que les titres dont ils se sont servis pour prouver leur Genealogie sont pleins de fausseté & d'anacronismes.



Ils prétendent décendre d'Aubert d'Ourches V. du nom, & de Marie d'Apremont, qu'ils font pere de Thomas, marié à Alix de Gombervaux leur auteur, & pour le justifier, ils produisent deux pieces.

La premiere est le testament de Jean d'Ourches V. du nom, ayeul d'Aubert V. du 22. Janvier 1442. qui rapelle Aubert V. son petit fils.

La seconde est le Martyrologe de Malthe, où on lit que frere Claude d'Ourches, Chevalier, a été tué à la bataille de Lépante, il y est qualifié fils de Thomas II. & de Claude de Forcelles, petit fils de Thomas I. & d'Alix de Gombervaux, arriere fils d'Aubert V. &

de Marie d'Apremont; avelet, d'Aubert I V. & de Caterine de Stainville.

Il eſt fort indiferent au Sieur d'Ourches que ce teſtament de Jean V. ſoit vrai ou faux, puiſqu'il prouve ſeulement qu'Aubert V. étoit fils d'Aubert I V. ce qui n'eſt pas conteſté; mais pour leurs montrer que toutes les pieces, ſur leſquelles ils fondent leur Siſtéme ſont de mauvais alloi, on veut leurs prouver que ce teſtament tout inutil qu'il eſt, eſt évidemment ſupoſé.

1°. Jean V. y prend la qualité de Seigneur de Viller en haye en 1442. & il eſt conſtant qu'il n'a jamais eu cette qualité, les terres de Viller & de Rogéville étant paſſées dans ſa famille, ſeulement vingt ans aprés ſa mort, par la ceſſion qui en fut faite par le Chapitre de la Catédrale, à Aubert I V. en échange du droit d'entrecourt & de forfuyance, que ledit Aubert avoit à Pagney ſur Meuſe & à Longor; la ceſſion eſt de l'an 1463. & a été produite au procés.

2°. Ces mots qui y ſont inſerés, *J'élis ma ſépulture dans la foſſe de Madame ma mere*, ſont contre l'uſage de ce tems-là, le mot de Madame n'ayant été uſité parmi la nobleſſe, que long-tems aprés. On donnoit ſeulement le tître de Demoiſelle aux femmes de la premiere qualité. On peut voir les tîtres de ce ſiecle, & dans la ſentence arbitrale de 1447. qui regle la ſucceſſion de Jean V. & d'Iſabelle de Foug, pere & mere d'Aubert: on donne ſeulement la qualité de Demoiſelle à ſa mere.

3°. Les termes de *Monſieur mon fils*, inſerés dans le corps du teſtament, n'étoient point alors uſités dans les actes publiques, auſſi le Teſtateur n'a jamais donné cette qualité à Geoffrois de Verrieres ſon gendre, Gentilhomme d'une tres-bonne maiſon, auquel il l'auroit donné préferablement à ſes enfans, ſi elle avoit été en uſage.

4°. Si ce teſtament étoit veritable, Aubert II. biſayeul de Jean V. Teſtateur, auroit vû ſes enfans juſqu'à la cinquiéme génération, ce qui eſt moralement impoſſible.

Les termes du teſtament ſont tels: *Item je quite au fils de feu Thomas, fils de Meſſire Aubert d'Ourches mon fils, 20. francs qu'il me devoit ſur la ſaline de Moyenvic.*

Il paroît par cet énoncé, que Jean V. Teſtateur, étoit déja biſayeul, & que ſon arriere fils étoit déja majeur, ou aprochant de la majorité, puiſqu'il avoit contracté avec lui, ainſi Jean V. pouvoit avoir 90. ans ou environ, lors qu'il fit ſon teſtament, & étoit né par conſéquent vers l'an 1352.

Le mot de<br>Meſſire<br>étoit pour<br>lors uſité.

Supofons qu'il ait été marié à l'âge de vingt ans, nous tombero[ns]
en 1372.

Qu'il ait eû Aubert IV. fon aîné en 1373.

Qu'Aubert IV. ait été marié à vingt ans, c'eft-à-dire en 1393.

Qu'il ait eû Thomas dont il eft parlé dans le teftament en 139[4]

Aubert II. qui vivoit encore en 1409. auroit vû fes enfans ju[fqu']
qu'à la cinquième génération, fçavoir :

Jean IV. fon fils.

Aubert III. fon petit fils.

Jean V. fon arriere fils.

Aubert IV. fon arriere petit fils.

Et Thomas fon avelet.

Ce qui eft moralement impoffible. Il faut donc que les Sieurs d[e]
Vidampierre retranchent de leur production ce teftament de Jean V[.]
comme une piece apocrife & fourrée aprés coup, auffi n'eft-ell[e]
point originale.

*Qui teftamentum tradet tibi.* . . . . . . . .
*Abnuere, & tabulas à te removere memento.*

L'extrait du Martirologe n'eft pas de meilleur alloi, puifqu'il, e[ft]
rempli d'anacronifmes & de fupofitions.

Il porte page 280. *Frere Claude d'Ourches Lorain du Prieur[é]
de Champagne, a été tué le 7. Octobre 1571. à la bataille de L[é]
pante.*

*Il étoit fils de Thomas d'Ourches, Seigneur dudit lieu en Bar[-]
rois, & de Claude de Forcelles, fille de Jean de Forcelles, Ch[e]
valier, Seigneur dudit lieu, & de Comteffe de Deuilly iffuë d[es]
anciens Comtes de Vaudémont.*

*Thomas II. étoit fils de Thomas I. & d'Alix de Gombervaux,
fille d'Erard de Gombervaux, & de Caterine Jâquart.*

*Thomas I. étoit fils d'Aubert d'Ourches, & de Marie d'A[-]
premont, fille de Thomas d'Apremont.*

*Aubert étoit fils d'un autre Aubert & de Caterine de Stain[-]
ville.*

Les Sieurs de Vidampierre concluent, que décendans en ligne di[-]
recte de Thomas I. fils d'Aubert V. & de Marie d'Apremont[,]
petit fils d'Aubert d'Ourches IV. du nom, reconnu par les parties[,]
on ne peut leurs difputer le nom & les armes de cette maifon[.]

Ce raifonnement feroit veritable, fi la piece fur laquelle il eft
fondé, ne contenoit que des verités ; mais comme elle eft pleine d'er[-]
reurs &

reurs &

---

Marginal notes:

Il eft ju-
ftifié
qu'Aubert
II. vivoit
en 1409.
par un acte
de reprife,
faite cette
année
par ledit
Aubert &
Marie d'A-
premont
fa femme
à l'Evêque
de Metz.
Il a été
produit

Horat. lib.
2. fatir. 5.

fauſſeté, les conſequences qu'ils en tirent ne peuvent être veri-
bles.

La premiere fauſſeté eſt un anacroniſme pleinement juſtifié par
pieces produites, & avoüées par les parties.

Le Martirologe nomme Thomas I. fils d'Aubert, & de Marie
Apremont.

Il eſt prouvé que cet Aubert & Marie d'Apremont vivoient en
09. par la copie d'une repriſe qu'ils ont fait à l'Evêque de Metz,
12. Aouſt de la même année, écrite & ſignée par le Sieur Alix
retaire du grand Duc Charles, & garde du tréſor des chartres
Lorraine, dont l'extrait ſuit.

*A tous ceux qui ces lettres verront & oyront, Jean de Torne-
*, Ecuyer, & Leonor d'Apremont, fille de feu Thomas d'A-
*mont ſalut, ſçavoir faiſons que comme il ſoit ainſi, que par le
*& conſentement de nous & pluſieurs de nos amis, nôtre amé
*rouge,* Aubert d'Ourches, Ecuyer, mari de Marie d'Apre-   *beau-fre.
*nt, fille dudit Thomas, ſœur auſſi à Leonor ſuſdite, &c. . . .
*12. Aouſt 1409.*

Il eſt pareillement juſtifié, que cet Aubert & Marie d'Apremont
eu pour enfans, Jean d'Ourches IV. du nom, qui vivoit en
6. & étoit ſi vieux, qu'il ne pouvoit plus vaquer à ſes afaires,
vant l'énoncé d'un titre de ladite année.

Jean IV. eût Aubert III. qui vivoit en 1427. comme il eſt
uvé par une repriſe qu'il a fait cette année à l'Evêque de Toul.
Aubert III. eût Jean V. qui vivoit en 1440. comme il paroît
les lettres d'amortiſſement des biens de la Chapelle de S. Nicolas,
dée dans la Paroiſſe d'Ourches.

Jean V. fut pere d'Aubert IV. époux de Caterine de Stainville
premieres nôces, comme il a été prouvé par un titre de 1444.
Ainſi il eſt impoſſible qu'Aubert V. fils d'Aubert IV. qui vivoit
lement vers l'an 1463. ait épouſé Marie d'Apremont, qui vivoit
1409. & qui ſelon le calcul & la Genealogie avoüée par les
de Vidampierre, auroit dû être la quintiſayeule, & non la mere
leur Thomas.

Il ne ſeroit pas moins ridicule de ſoûtenir que Thomas I.
eur deſdits Sieurs de Vidampierre, étoit fils d'Aubert V. &
rie d'Apremont; car ayant été marié en l'an 1512. comme ils
t avoüé, il auroit eu plus de cent ans lors de ſon mariage,
ſqu'en 1409. Marie d'Apremont étoit extrêmement vieille, &

C

hors d'état d'avoir des enfans, Jean I V. son fils étant décrepite en 1436. on doute fort que les Sieurs de Vidampierre soient sortis d'une source aussi épuisée.

On ne peut point équivoquer sur le nom de cette Marie d'Apremont, & soûtenir comme on a fait, qu'elle étoit diferente de celle qu'on prétend avoir été mariée à Aubert V. parce que le même Martirologe, nomme cette Marie d'Apremont fille de Thomas d'Apremont, qui a été la veritable épouse d'Aubert II. comme il est justifié par le tître de 1409. qui a été produit.

Voilà l'erreur des Sieurs de Vidampierre découvert, & la filiation de leur Thomas pleinement détruite. On les invite à lui trouver d'autres parens, ou à chercher des tîtres nouveaux pour couvrir cet anacronisme.

Horat.

*Fraudibus objice nubem.*

La seconde fausseté qui se trouve dans le Martirologe, est la qualité de Seigneur d'Ourches, que l'auteur prodigue à son Thomas II. du nom, époux de Claude de Forcelles, qu'il n'a jamais pris cette qualité dans aucun acte qu'il ait passé, & n'avoit aucune raison de la prendre. Thomas I. son pere ayant vendu en 1512. une petite portion qu'il avoit seulement en ladite terre, à Aubert d'Ourches, fils aîné de Jean VI. époux d'Annelle de Receicourt, pour le prix de douze écus.

Il est encore justifié, que ce Thomas n'avoit rien à prétendre à la terre d'Ourches, par le partage de ses biens, fait entre Loüis, Thomas & Jean ses enfans, dans lequel il n'est pas parlé de ladite terre.

La troisiéme fausseté est la situation, que l'auteur fait du village d'Ourches dans le Barrois; il devoit sçavoir qu'il est du Comté de Toul, & de celui de Champagne, & ressortit, partie au Parlement de Metz, partie au Parlement de Paris, sans qu'il ait jamais fait partie du Barrois.

Le même auteur avance pour quatriéme fausseté, que Thomas II. épousa Claude de Forcelles, fille de Jean de Forcelles, & de Comtesse de Deüilly, issuë des anciens Comtes de Vaudémont; cette illustre alliance, si elle étoit veritable devroit avoir aquis aux Sieurs de Vidampierre, l'honneur de participer au sang de nos Souverains, puisque les anciens Comtes de Vaudémont, qui portoient burelé d'argent & de sable de dix pieces, étoient les cadets de la maison de Lorraine, comme l'a remarqué le Pere Jean de Bayon dans sa Cronique de Moyenmoûtier.

*Cet Aubert aquéta 3. portions de seigneurie dans les villages d'Ourches Longor & Blainville pour 36. écus.
* Ce partage a été produit par les Srs. de Vidampierre.

Ce Religieux Lorrain iſſu de l'illuſtre maiſon de Bayon, qui
rtoit d'argent à la bande de gueule, chargée de trois alérions d'or,
it que la Lorraine fut partagée entre deux freres, Theodoric &
rard, l'aîné eût le Duché de ce nom, & le cadet les terres de
ntois, qui furent érigées en Comté, & eurent le nom de Vau-
mont, par raport au Château, qu'il avoit fait bâtir ſur la monta-
e de ce nom, vers l'an 1075.

Un cadet de Vaudémont eût dans la ſuite en partage la terre
Deüilly lez Moriſecourt, & fit une branche ſous le nom de
üilly, qui finit en 1400. ou environ, & la maiſon du Châtelet
a ſuccedé.

Il eſt donc impoſſible que l'épouſe de Thomas II. ait été de cet-
maiſon, puiſqu'elle fut éteinte plus de 100. ans avant ſon ma-
ge ; on peut voir là-deſſus le Pere Vignier, Prêtre de l'Oratoire,
le Pere Pierre de Sainte Caterine Feüillant, qui ont parlé de cette
nche, & n'ont jamais dit qu'elle fut entée dans celle de Forcelles.

Quel jugement peut-on donc faire de la Genealogie des Sieurs de
dampierre, puiſqu'ils ne peuvent la prouver, que par des pieces
demment fauſſes ?

*Quid ni falſum, cujus teſtimonium quoque ex falſo eſt ? Quo-*
*do credam non mentiri, qui mentitur ut credam.*

Tertull.<br>de anim.<br>Cap. 18.

Les Sieurs de Vidampierre n'ont pas fait juſqu'à preſent beau-
up de progrés, s'ils ont fait voir que quelques uns de leurs au-
rs ont porté le nom d'Ourches, ils n'ont pas cependant prouvé
ils fuſſent décendus de cette maiſon, & qu'ils en ont eû les armes.
Sieur d'Ourches a fait voir qu'il en étoit iſſu, & il veut auſſi
truire le public que ſes auteurs reconnus par les Sieurs de Vidam-
rre, ont porté les armes de cette maiſon dont ils tiroient leur
gine.

La maiſon d'Ourches porte d'argent, a un Lion de ſable, armé,
té, couronné, lampaſſé de gueulle, & gerbé d'or. Ce blaſon eſt
lifié par le ſceau d'Aubert IV. pendant au traité d'échange, fait
re ledit Aubert & le Chapitre de l'Egliſe Catédrale de Toul l'an
63. produit au procés.

Cet Aubert eſt reconnu par les parties, ainſi on doit avoüer, que
armes ſont celles de la maiſon d'Ourches, dont il étoit iſſu par
my d'Ourches, qu'il apelle ſon ayeul dans le titre dont nous ve-
ns de parler. Le Sieur Charles d'Ourches, qui a prouvé clairement
il tiroit ſon extraction dudit Aubert ; & par une ſuite néceſſaire

C ij

de Remy son ayeul, qui vivoit en 1229. fait à présent voir que ses auteurs mediaires depuis Aubert IV. jusqu'à lui, ont porté les mêmes armes, ce qui justifie en même tems, qu'il est de cette maison d'Ourches.

Il a pressé les Sieurs de Vidampierre de faire une pareille preuve, mais comme ils ont pressenti que cette production ne leur seroit point favorable, ils ont mieux aimé les écarts que la sincerité, & ils ne se sont expliqués sur ce fait qu'en termes vagues & équivoques, en sorte que le Sieur d'Ourches est en droit de leur dire ce qu'un Poëte a écrit autrefois pour se plaindre d'un homme qui déguise.

Martial.      *An prudens? ludis ne obscura canendo.*

Mais pour agir avec plus de sincerité, le Sieur d'Ourches prouve son état, en faisant voir que Jean VI. son auteur & reconnu par les Sieurs de Vidampierre, a porté les mêmes armes qu'Aubert IV. Il tire sa preuve d'un acte en date de 1477. par lequel il désavoüe toutes les entreprises qu'il avoit faites contre les droits du Chapitre de l'Eglise Catédrale de Toul, & reconnoît en même tems

* Arch. de l'Eglise de Toul. Layette d'Ourches.

que ledit Chapitre est Seigneur du village d'Ourches. Le sceau est pendant à cette piece, & les armes sont semblables à celles qui sont atachées au titre d'Aubert IV. de l'an 1463.

Robert époux de Jeanne de Bullizy a pris les mêmes armes que Jean VI. son pere, & qu'Aubert IV. son ayeul, on en voit l'empreinte en cire verte dans un traité d'échange, fait entre ledit Robert & Jean de Mance pour la Seigneurie de Vadoncourt. Le titre

* En datte de 1518.

est original, & a été produit au procés.

Didier fils de Robert, petit fils de Jean VI. & arriere fils d'Aubert IV. s'est servi des mêmes armes, & a eû soin de les mettre à la porte du Château de Cercueil qu'il fit bâtir en 1570.

Alix de Bilistein veuve de Didier d'Ourches, trisayeul du Sieur d'Ourches, fit élever un Mausolée dans l'Eglise Paroissiale de Cercueil pour y perpetuer la memoire de son époux, elle eût soin que les armes de la maison d'Ourches fussent semées sur la representation, & pour instruire le public que Didier étoit de l'ancienne maison d'Ourches, elle les fit mettre sur la face anterieure du tombeau avec les lignes de sa maison, on y voit en éfet les armes de Bullizy, qui sont celles de la mere de Didier, celles de Receicourt à cause de son ayeule, & celles d'Apremont, par raport à Marie d'Apremont dont il décendoit.

Nicolas fils de Didier, a conservé les mêmes armes dans sa maion , & Antoinette de Saint Belin, Comtesse de Bielle son épouse, es fit graver sur son tombeau dans la Paroisse de Bielle, où il fut nhumé.

Ledit Nicolas les a transmis à ses décendans; & le Sieur d'Ourhes partie au procés, qui est son arriere fils les porte de même qu'Aubert IV. dont on a produit le sceau en cire rouge. Cette possesion de 273. ans clairement justifiée, sufiroit pour prouver que leit Sieur d'Ourches est originaire de l'ancienne maison d'Ourches, i nous ne l'avions démontré ailleurs.

> *Probant hac stemmata cunctis,*
> *id genus à clara priami propagine duci.*



Aprés avoir montré que le Siftême des Sieurs de Vidampierre est lein de faussetés, & d'anacronismes, que celui du Sieur d'Ourches u contraire est clair, & établi sur une Genealogie bien suivie, & ur la conformité des armes. Il reste pour les pousser jusques dans eurs derniers retranchemens, à prouver qu'Aubert d'Ourches V. du tom, qu'ils font pere de leur Thomas I. n'a jamais été marié, & 'a point eû d'enfans.

On pouroit se servir pour toute preuve, du silence desdits Sieurs le Vidampierre, qui n'ont encore jusqu'à present prouvé par au-un titre valable, qu'il ait jamais épousé Marie d'Apremont, en-ore moins Caterine de Mandre, comme ils l'ont avancé, ce qu'ils 'auroient jamais manqué de faire, s'ils avoient quelques pieces justi-icatives; ainsi on feroit en droit de leurs nier tout à plat, qu'il ait amais été marié, puisque, *de his quæ non funt & non apparent, dem judicium,* & qu'en fait de Genealogie, chacun doit prouver es auteurs.

Mais pour les mettre tout à fait dans leur tort, & les désabuser lu Mariage imaginaire d'Aubert V. & de la filiation de Thomas I. eur auteur, on les prie de refléchir.

1°. Qu'Aubert V. n'étoit point marié en 1463. puisqu'en cette nnée, il étoit encore en tutelle * comme il paroît par le contract 'échange fait par Aubert IV. son pere, & le Chapitre de la Caté-drale de Toul, des droits de forfuyance, & entrecourt, sur les vil-ages de Pagney sur Meuse, &c. contre les terres de Viler en haye & Rogéville, qui a été produit, il est certain qu'il n'auroit plus été n tutelle s'il avoit été marié.



2°. Aubert V. étoit mort fans enfans en 1499. puisqu'en cette nnée, les enfans de Jean VI. son frere cadet, partagerent sa succesfion, & eurent toute la Seigneurie d'Ourches, apanage des aînés, ce qui ne feroit point arivé s'il avoit vécu, ou laiffé des enfans qui le repreſentaſſent. Le partage eſt produit.

3°. Tous les décendans d'Aubert IV. ont toûjours nommé conjointement aux Chapelles de Saint Nicolas dans la Paroiſſe d'Ourches, de Sainte Croix dans celle de Mandre aux quatre tours, & de Saint Jean Batiſte & de la Madeleine dans la Paroiſſe de Bar, dont le patronage apartient à la maiſon d'Ourches, ſans qu'on voye aucune nomination faite par les décendans d'Aubert V. Ce qui prouve qu'il n'en a jamais eû.

On a prouvé plus haut qu'il étoit impoſſible qu'il eût épouſé Marie d'Apremont fille de Thomas d'Apremont, en premieres nôces, puiſqu'elle étoit morte long-tems avant qu'il vécut.

Il eſt pareillement ſupoſé qu'il ait épouſé Caterine de Mandre en ſecondes nôces; mais il eſt bien vrai qu'elle a été ſa belle-mere, & mariée en ſecondes nôces à Aubert IV. comme il paroît par ledit partage de 1499. où elle eſt nommée ayeule paternelle des enfans de Jean VI. frere cadet d'Aubert V. On ne croit pas que les Sieurs de Vidampierre perſiſtent à vouloir décendre d'une alliance de cette nature.

Cet erreur les a fait tomber dans un autre, quand ils ont avancé que ce Jean VI. étoit fils d'Aubert V. & de Caterine de Mandre; car Aubert V. étant encore en tutelle en 1463. & n'étant pas marié, ne pouvoit être pere de ce Jean VI. qui en 1499. avoit déja trois enfans majeurs, comme on le voit par le partage de la même année cité ci-deſſus, autrement, il faudroit que ce Jean VI. eût été marié à l'âge de ſix ou ſept ans, ce qui eſt impoſſible.

*Incidit in ſcyllam, cupiens vitare caribdin.*

Que poura donc penſer le public, lorſqu'il verra la Genealogie des Sieurs de Vidampierre, établie ſur des preuves de cette nature?

On vient de leur montrer qu'Aubert dont ils prétendent décendre n'a jamais été marié, & n'a laiſſé aucune poſterité, reſte à conclure pour finir cette troiſiéme production, que leur branche n'étant unie à la tige d'Ourches dans aucun dégré, ils n'ont pas raiſon de vouloir y prétendre.

### Contredits des Sieurs de Vidampierre.

La troiſiéme production du Sieur d'Ourches a ſi fort dérangé les

Sieurs de Vidampierre, que dans les contredits qu'ils ont fournis, ils n'ont suivi aucune route; & les écarts & variations dans lesquelles ils font tombé à chaque page, font avoüer aux plus interressés, qu'ils ont autant d'incertitude de leur Genealogie, & d'inconstance à la défendre, que d'ambition à l'acrocher à l'illustre maison, où ils veulent creuser leur source.

Ils débutent par épancher leur bile contre un bon Religieux, dont tout le crime est d'avoir prêté ses soins au Sieur d'Ourches, avec toute la sincerité dont il est capable; & après lui avoir reproché jusqu'à son exactitude, continuans dans leur vivacité, ils se déchainent impitoyablement contre le Sieur d'Ourches, lui refusent le nom & les armes de sa maison: sans se resouvenir que dans les écritures précedentes, ils ne lui ont jamais contesté, & ont été obligé de baisser la lance devant le grand nombre d'ancêtres, qu'il a fait paroître, & qu'ils ont été obligé de reconnoître pour ses Peres.

Ces variations auroient fait connoître d'abord, que la verité n'étoit pas pour eux, puisqu'elle est toûjours constante, & ne change jamais, s'ils n'avoient tâché d'éblouïr le public par des minuties aparentes: aussi les a-t-on vû par des objections préliminaires reprocher fadement au Sieur d'Ourches, qu'il leurs devoit la découverte de sa Genealogie, qu'il n'avoit aucun titre de sa famille, & que sans la bonne foi d'une Demoiselle d'Ourches, qu'ils ne nomment pas, & qu'ils allient, quoique sans preuve à leurs ascendans; Nicolas, auteur & bisayeül du Sieur Charles d'Ourches, n'auroit jamais fongé à s'enter dans la famille d'Ourches: d'où ils concluent que ladite Demoiselle ayant les titres de la famille, & celles du Sieur d'Ourches, ne les ayant tiré d'elle que par adresse, ils ne font pas de cette maison, & pour colorer leurs inductions, ils produisent un recepissé dudit Nicolas.

Telles font les conséquences dont les Sieurs de Vidampierre veulent satisfaire le public, & remplir les grands vuides de leur production.

On ne finiroit jamais, si on vouloit les suivre dans toutes les preuves écartées & indirectes, dont ils bâtissent leur Sistême. On s'arêtera donc à raporter celles qui ont quelque aparence; & après les avoir mis par ordre dans leur jour, on tâchera d'en faire connoître l'inutilité & la foiblesse.

1°. Ils ataquent le Sistême du Sieur d'Ourches, & dénient que Jean VI. ait été fils d'Aubert d'Ourches IV. du nom.

2°. Ils s'éforcent de prouver que tous les afcendans du Sr. d'Ourches ont toûjours porté le nom d'Oûches, fort diferent de celu
d'Ourches, jufqu'à Nicolas Bifayeul du Sieur d'Ourches, qu'ils qualifient d'ufurpateur.

3°. Qu'eux feuls font décendus de la veritable maifon d'Ourches
eux & leurs auteurs en ayant toûjours porté le nom & les armes.

**I. Objeƈt.** Comme le Sieur d'Ourches a établi que Jean V I. étoit fils d'Aubert I V. par un partage en forme de tranfaƈtion en date de 1499
par lequel il paroît que Caterine de Mandre, femme dudit Aubert,
étoit ayeule paternelle des enfans de Jean, & parconfequent mere
dudit Jean. Ils ont debatu cette piece, & l'ont foûtenuë fauffe, ou
du moins inutile par les raifons fuivantes.

**preuve d'i-** 1°. Parce qu'elle ne dit rien d'Aubert IV. & ne juftifie pas qu'il
**nutilité.** foit pere de Jean V I.

2°. Qu'elle ne juftifie pas que ce Jean foit originaire de la maifon d'Ourches, quoi qu'elle lui donne la Seigneurie du même nom,
rien nétant plus ordinaire que de voir paffer une terre d'une maifon,
à une autre, par vente, échange, ou autrement.

Enfin ils tiennent cette piece fufpeƈte. 1°. Parce qu'elle n'eft pro-
**preuve de** duite qu'en copie.
**fufpicion.** 2°. Que par l'expedition, il paroît qu'elle eft fignée par A. de
Bar & N. l'Ecuyer, quoi qu'elle ne foit fignée que de J. Royftel,
Huiffier aux grands jours de Saint Mihiel; & pour en montrer la
fufpicion, ils frondent contre le caraƈtere des Huiffiers.

3°. Parce que 95. ans aprés on a fait tirer une feconde copie
de cette piece par Berard, Notaire étranger; ils s'écrient beaucoup
fur ce qu'il ne compte pas, où cette piece a été dépofée pendant un fi
long-tems, & acufent Nicolas bifayeul du Sieur d'Ourches d'en avoir
fait tirer une copie par un Notaire, comme tenant la premiere fufpeƈte, pour fe faire décendre dudit Aubert d'Ourches, & de Caterine de Mandre, & s'enter ainfi dans fa maifon.

4°. Ils prétendent que ce partage eft infidel dans l'énoncé, en ce
qu'on y voit une difpofition en faveur d'Aubert, l'un des fils de Jean
VI. de la fucceffion à échoir de Caterine de Mandre, n'étant pas à
préfumer, difent-ils, qu'on ait difpofé d'une fucceffion qui n'étoit
pas échuë; & ajoûtent pour marquer que Caterine de Mandre étoit
encore vivante, qu'on n'a pas joint à fon nom le mot de feu.

5. Ils foûtiennent qu'on y a donné fauffement à cette Caterine
de Mandre la qualité d'ayeule paternelle des enfans de Jean VI. &
qu'on

l'on a mal conclu de cet énoncé qu'elle ait été femme d'Aubert, puifque Calot & Hullon difent feulement que cet Aubert a eû pour femme Marie d'Apremont.

D'où ils concluent que la filiation que ledit d'Ourches tire d'Aubert IV. eft abfolument faulle, puifqu'elle n'eft prouvée que par un
acte inutil & fufpect.

Les Sieurs de Vidampierre enflés de leurs prétenduës découvertes, 
infultent des pieces aux perfonnes, & ne craignent pas d'infulter à la
mémoire de Nicolas, bifayeul du Sieur d'Ourches, en avançant hardiment, qu'il a ufurpé le premier le nom d'Ourches, fes peres n'ayant
jamais eû que celui d'Oûches.

Ils alleguent pour prouver que Nicolas a porté le nom d'Oûches,
une lettre milfive du grand Duc Charles, qui l'a nommé ainfi.

Et remontant enfuite à fes auteurs, ils montrent que Jean VI.
a porté le même nom, par le partage de 1499. par un départ de
Court de 1481. & par fon teftament de 1488. dans lefquels actes
il n'a jamais pris d'autre nom.

Ils lui dénient même la qualité de Seigneur d'Ourches, parce
qu'il ne l'a pris dans aucun de ces actes.

De Jean, ils défcendent à Didier fon petit fils, & prouvent par fon
contract de mariage, & par deux contracts qu'il n'a jamais pris que
le nom d'Oûches.

Ils ajoûtent qu'Olry & Jean fils de Didier, ont toûjours été connus fous le même nom dans le procès verbal de convocation des
Etats de Lorraine pour la réduction de la coûtume, du premier Mai
1594. & dans diferens actes judiciaires des 12. Mai & 14. Décembre 1593.

Que dans l'enquête faite par les Commiffaires de Malthe pour la
réception de Charles autre fils de Didier, & compofée des témoi-
gnages des Sieurs de Vigneules, d'Haraucourt, Lifeias & Marcoffey,
eft nommé Charles d'Oûches.

Ils tombent enfuite fur les preuves de Claude d'Ourches fait Chevalier douze ans après Charles, qualifié du nom d'Oûches, d'où ils
inferent, qu'il étoit de leur maifon, & que dans ce tems, la maifon
d'Ourches & d'Oûches étoient diferentes, puifqu'on les nommoit diferemment: autrement, difent-ils, s'il n'y avoit eû qu'une même
maifon, les preuves de Claude auroient fervi audit Charles.

Ils défcendent enfin à Nicolas, & prouvent qu'avant fon mariage,
il portoit le nom d'Oûches, par un engagement du 2. Juillet 1599.

Ils citent l'origine & l'époque du nom d'Ourches dans la famill
du Sieur d'Ourches au mariage de ce Nicolas, qui l'a transmis
ses successeurs.

Ils ajoûtent que les Commissaires établis par le Roi Tres - Chré
tien, pour la recherche des nobles, ont tellement reconnu cette pré
tendue nouveauté, que dans l'arrêt qu'ils rendirent en faveur d
Henry fils de Nicolas, ils l'ont nommé Henry d'Ouches, & lui on
permis seulement, de joüir des prérogatives & privileges de nobleff

D'où ils concluent, que le nom d'Ouches ayant été perpetué dan
la maison du Sieur d'Ourches depuis plus de deux cens ans, à comp
ter depuis Henry jusqu'à Jean VI. il seroit ridicule de croire, qu'ell
est la même avec celle de Vidampierre qui en a toûjours eû le nor
& les armes.

C'est ici que les Sieurs de Vidampierre s'aplaudissent, & crier
victoire à pleine tête, Le Sieur d'Ourches étant évincé de la maiso
de ce nom, n'a plus de qualité pour leurs contester, ses défenses sor
des insultes continuées; & son attentat temeraire mérite punition
ils ne daignent plus entrer en lice contre lui, étant beaucoup a
dessus de sa Sphere, & ce n'est que pour satisfaire à leur propi
gloire, qu'ils veulent bien répondre à ses fades ostentations, & ré
tablir les foibles dérangemens, qu'il a tâché d'aporter à leur Genea
logie.

III. object.   Enflés de ces idées superbes & magnifiques, ils ont bien voul
pour se satisfaire eux-mêmes, retracer leur Sistême, & montrer con
me ils ont tâché de faire dans cette troisiéme partie, qu'ils sont or
ginaires de la veritable maison d'Ourches, & que le nom & les ar
mes leur apartiennent à l'exclusion du Sieur d'Ourches.

Ils ont donc proposé leurs filiations, & se sont fait décendre en lign
directe de Thomas I. qu'ils continuent de qualifier fils d'Aubert V
époux de Marie d'Apremont, fils d'Aubert IV. & petit fils de Jea
V. fourant ainsi leurs branches dans la tige d'Ourches par le cana
de ce dernier, qui est apuié par les parties.

Mais comme on leurs avoit déja prouvé que cette Marie d'Apre
mont ayant été mariée à Aubert II. fils de Jean III. dés l'an 1409
ne pouvoit avoir épousé Aubert V. son avelet, encore moins e
avoir eû Thomas I. qui vivoit seulement en 1521, & que cet Au
bert V. n'avoit jamais eû d'enfans.

Ils ont été obligé de reconnoître l'anacronisme; mais de peur d'ê
tre évincé du seul dégré, par lequel ils prétendent s'atacher à Jea

V. auteur reconnu, ils ont inventé une nouvelle Marie d'Apremont, autre que celle qui avoit époufé Aubert II. en 1409. & de cette Marie qu'ils donnent pour femme à leur Aubert, petit fils de Jean, ils font décendre leur Thomas I.

Pour prouver ce nouveau Siftême, ils difent qu'un fiecle ayant paffé entre ledit Aubert II. & Aubert V. Il n'étoit pas dificile qu'ils euffent trouvé chacun une femme du même nom, particulierement dans deux familles d'Apremont diferentes, à la Croix blanche & à la Merlette.

Ce qu'ils apuyent toûjours du Martirologe de Malthe, confirmé par le grand Maître de l'Ordre, & aprouvé par le Roi Tres-Chrétien, dont la teneur rapelle un Claude d'Ourches tué à la bataille de Lépante fils de Thomas II. & Claude de Forcelles, fils de Thomas I. & d'Alix de Gombervaux, fils d'Aubert V. & de Marie d'Apremont.

Et aprés avoir vanté ce livre jufqu'à traiter le Sieur d'Ourches d'évaporé pour avoir ofé le critiquer, ou en foubçonner la foi.

Ils fe foûmettent néanmoins à en faire l'apologie, en difant qu'il eft véritable dans fon énoncé pour les mariages de Thomas II. & de Claude de Forcelles, de Thomas I. & d'Alix de Gombervaux, d'où ils concluent par un argument de parité, qu'il eft encore véritable pour celui d'Aubert V. & de Marie d'Apremont, n'étant pas à préfumer qu'il eft vrai pour une partie, & faux pour l'autre.

Ils fe fervent encore de l'autorité de Huffon & de Calot, qui donnent une Marie d'Apremont pour femme à Aubert, pere de Jean VI. époux d'Anne de Reccicourt, aprés néanmoins avoir avoûé de bonne foi que ces deux Nobiliaires fe font trompé, & ont nommé Aubert IV. fils de Jean V. pour Aubert V. fon petit fils.

D'où ils inferent que cet Aubert leur auteur a été marié à une autre Marie d'Apremont, que celle qui étoit mariée en 1409. à Aubert II.

Il falloit encore qu'ils prouvaffent par quelques pieces de bon aloi, que Thomas I. en étoit décendu. C'est ce qui fe font éforcé de faire en produifant par production nouvelle un contract d'engagement fous faculté de réachat, fait par ledit Thomas leur auteur, le dernier Juin 1512. des portions qu'ils avoient dans les Seigneuries d'Ourches, Longor, Blainville, & Salines de Moyenvic, au profit d'Aubert VI. fils aîné de Jean VI.

Ils prétendent juftifier que ces portions étoient obvenuës à Aubert V. par fucceffion d'Aubert IV. & de Jean V. parce qu'elles

Aubert IV<br>époux de<br>Caterine<br>de Stainvil-<br>le en pre.<br>nôces & de<br>Caterine<br>de Mandre<br>en fecond.<br>felon le Si-<br>ftême du<br>Sr. d'Ourches& Aubert I I I. dans le Si-ftême des Srs. de Vidampierre

avoient fait auparavant parties de leurs biens, comme il paroît par le teftament de Jean V. de l'an 1442. & par la fentence arbitrale de 1447.

D'où ils inferent que ces portions de bien fe trouvans réunies en la perfonne de leur Thomas avec l'identité du nom, ne laiffant aucun doute qu'il ne foit iffu defdits Auberts, & par confequent originaires de la maifon d'Ourches.

## Quatriéme production du Sieur d'Ourches.

Les Sieurs de Vidampierre avoient répandu leurs derniers contredits dans le public avec tant d'oftentation, ils en avoient fait l'éloge avec tant d'emphafe & d'aplaudiffement, qu'on a crû être obligé d'en faire voir la foibleffe, & de diffiper les nuages & les préventions, que leurs vaines aclamations pouvoient avoir laiffé dans l'efprit de ceux, qui n'ayant pas lû les pieces, ne jugent des chofes que par le bruit.

C'eft donc pour réfuter ces contredits qu'on s'eft propofé cette quatriéme production. On doit y faire voir, que loin d'établir & de pouffer leur Genealogie, ils ne prouvent rien moins, & confirment au contraire celle du Sieur d'Ourches; qu'en un mot toute cette longue piece qu'ils ont produit, n'eft qu'un tiffu d'injures, d'inutilités, d'erreurs, & de fupofitions.

En éfet, à commencer dés la Préface, on y voit un torrent d'injures qui fe répand à pleines vagues fur le Sieur d'Ourches, enveloppe jufqu'à fes ancêtres, s'étend jufqu'à ceux qui ont voulu lui prêter fon miniftere, *nec eft qui fe abfcondat à calore ejus.* Le Sr. d'Ourches les foûfrira avec modération, & y répondra, comme l'Empereur Theodofe. *Si ces injures viennent de legereté, je les méprife, fi c'eft de malice, je les pardonne.*

C'eft dans cet efprit qu'on paffe l'éponge fur ces vapeurs noires d'une bile irritée, pour déveloper jufqu'aux moindres circonftances aparentes de la production des Sieurs de Vidampierre, les relever, & y répondre felon l'ordre qu'ils les ont établis.

*Scrutemur rimas, vertamus & omne profundum.*

Ils font une objection préliminaire, & avancent hardiment que Nicolas bifäyeul du Sieur d'Ourches, méditant l'ufurpation de leurs noms, eût l'adreffe de tirer des mains d'une Demoifelle du même nom, les pieces fur lefquelles le Sieur d'Ourches bâtit aujourd'hui fa Genealogie; & que n'en trouvant point chez lui, il a été obligé de re-

urir aux Archives de Vaucouleur & de Toul, d'où ils concluent
u'ils ne font pas de la maifon d'Ourches, puifqu'ils n'en ont pas
s titres.

Avant que de montrer le peu de juftefle de cette confequence, il eft
on de montrer l'incertitude, l'inutilité & la fauffeté de l'objection.
L'incertitude paroît évidemment par le récepicé dudit Nicolas,
ui porte feulement qu'il a eû deux pieces de la Demoifelle d'Our-
es, fans la nommer; on demanderoit volontiers aux Sieurs de Vi-
ampierre fur quelles conjectures, ils établiffent qu'elle étoit femme
un Jean leur auteur; & s'ils ne le juftifient pas, comme ils ne l'ont
s fait jufqu'à prefent, n'eft-on pas en droit de leurs foûtenir par
onjectures contraires, qu'elle étoit femme de Claude d'Ourches,
eigneur de Germiny, frere dudit Nicolas, qui vivoit alors. On laiffe
u public le foin de juger quelle eft la plus aparente de ces deux
onjectures. Il eft donc évident que l'objection des Sieurs de Vidam-
ierre eft fort vague, & fondée fur une piece bien incertaine. 

Elle eft encore plus inutile, puifque quand il feroit vrai que la
emoifelle d'Ourches nommée dans le récepicé, auroit été de la
mille des Sieurs de Vidampierre, il confteroit feulement que leit Nicolas auroit tiré deux pieces, l'une de 1442. l'autre de 1444.
ui ont été affez inutiles au Sieur d'Ourches. 

Il eft vrai qu'il s'eft fervi de celle de 1442. pour prouver un de
s dégrez; mais ce n'a été que par exuberance, puifqu'il en a pro-
uit plufieurs autres, qui juftifient le même dégré. Celle de 1444.
t auffi inutile, puifqu'elle prouve feulement qu'Aubert IV. fils de
ean V. eût une bâtarde nommée Eveline, qu'il maria à Jâques de
alemagne; & fi elle a paru, c'eft pour ne l'avoir pas bien conçû
abord, l'écriture en étant tres-mauvaife.

L'afectation que les Sieurs de Vidampierre ont à faire fonner cet-
e mauvaife piece, prouve bien que leur fang eft diferent de celui
Ourches; car on ne peut s'imaginer que comme des autres Cham,
s vouluffent découvrir les écarts & la turpitude de ceux qu'ils re-
onnoîtroient pour peres.

Enfin il eft fi peu vrai que le Sieur d'Ourches ait été obligé de
hercher les titres de fa famille hors de chez foi, que tous les ti-
res qu'il a produit ont été tiré de fes Archives. 

La confequence qu'ils tirent eft donc vague, incertaine, inutile
& fauffe, puifqu'elle a été tirée d'une Thefe remplie d'incertitude,
'inutilité & de fupofitions.

Mais quand il feroit vrai, ce qui n'eft pas, que le Sieur d'Our
ches auroit été obligé de chercher dans les Archives étrangeres, d
quoi prouver fa Genealogie, feroit-on en droit de conclure comm
on a fait, qu'il n'eft pas de la famille, puifqu'il n'auroit pas ét
dépofitaire des titres qui la concernent ?

Cette conclufion fait pitié ; parce que les pieces dont il s'eft fer
vi étant vrayes & conformes aux filiations par lui établies, il n
faut s'inquieter d'où on ait tiré la verité qui eft toûjours la mêmç

Mais où en feroient les Sieurs de Vidampierre, fi leur confequen
ce étoit véritable, ne feroit-on pas en droit de leurs foûtenir, com
me ils ont fait hardiment contre Nicolas, qu'ils traitent d'ufurpa
teur, que François de Vidampierre leur bifayeul, a été lui-même u
ufurpateur, puifque pour fe faire une Genealogie, il fut obligé d
recourir à l'autorité du grand Duc Charles, & de foüiller de fon o
dre, dans les Archives publiques & particulieres, comme on le voi
par les pieces qu'ils ont produites. Ne pouroit-on pas fur le princip
qu'ils ont pofé, retorquer l'argument contr'eux, & foûten
qu'il n'étoit pas de la maifon d'Ourches, puifqu'il n'en avoit pa
les titres ?

On invite ces Meffieurs à goûter la juftefle de leurs conféquences
elles font fi fubtiles, qu'elles s'évaporent, quand elles font au jour
auffi n'y auroit-on fait aucune atention, s'ils n'en avoient fait un
grande objection préliminaire.

Des préliminaires, le Sieur d'Ourches paffe au corps de la piece
& comme ils y ont objecté,

1°. Qu'Aubert IV. n'avoit jamais été époux de Caterine de Man
dre, ni pere de Jean VI. auteur reconnu du Sieur d'Ourches.

2°. Que fes auteurs, avant Nicolas, n'ont jamais porté le non
d'Ourches.

3°. Que la maifon de Vidampierre étant décenduë de celle d'Our
ches, par le canal d'Aubert V. & Marie d'Apremont, en doit porte
le nom & les armes.

Le Sieur d'Ourches s'eft propofé de réfuter ces objections, pa
trois propofitions toutes contraires.

1°. Qu'Aubert IV. a époufé Caterine de Mandre, & qu'ils ont
été pere & mere de Jean VI.

2°. Que les auteurs dudit Sieur d'Ourches ont toûjours porté le
nom & les armes d'Ourches.

3°. Que les Sieurs de Vidampierre ne font point décendus de cette

cienne maison, quoique quelqu'uns de leurs auteurs ayent porté
même nom.

On justifie que cet Aubert a épousé Caterine de Mandre, par les 1. Proposi-tion.
gistres de la chambre Episcopale, de l'an 1463. qui indiquent pour
ndateurs de la Chapelle de Ste. Croix dans la Paroisse de Mandre Preuves qu'Aubert
x quatre tours, Aubert d'Ourches & Caterine de Mandre son II. a épou-
ouse qui y nommerent cette même année. L'extrait des régistres sé caterine
ce les institutions, seront produits sous le bon plaisir de SON de Mandre
LTESSE ROYALE.

On a joint à ce titre, le partage en forme de transaction entre les
fans de Jean VI. de l'an 1499. où ladite Caterine de Mandre est
nommée ayeule paternelle desdits enfans, comme on l'a dit ci-dessus,
où il est aisé de conclure, qu'ayant été ayeule des enfans de Jean
I. elle a été mere de ce Jean, & parconsequent épouse d'Aubert
V. son pere.

Cette piece prouve également que Jean VI. a été fils d'Aubert IV. Preuves
isque Caterine de Mandre ayant été épouse dudit Aubert, & ayeule que Jean
ternelle des enfans de Jean VI. il est d'une consequence nécessaire, VI. a été
ils ayent été l'un & l'autre pere & mere de ce dernier. fils d'Au-
Cette verité paroîtra encore mieux par la division des biens de cet bert IV.
ibert, qui ont passé par succession, & ont été partagé entre Jean
I. & ses freres.

Cristophe I. frere puîné de ce Jean, eut en son lot le droit de
tronage de la Chapelle de Ste. Croix, & lorsque ses décendans y
t nommé, ils ont reconnu qu'il leur étoit obvenu, *ex fundatione*
*edecessorum.* On demanderoit volontiers, qui étoient ces prédece-
urs, sinon Aubert IV. & Caterine de Mandre qui l'ont fondée,
mme on vient de le montrer. Or il est justifié, que ce Cristophe I.
oit frere de Jean VI. par le testament de ce dernier de l'an 1488,
i a été produit.

Ce même Cristophe a joüi du droit de patronage de la Chapelle
S. Nicolas, fondée en l'Eglise d'Ourches par Jean V & Isabelle
Foug ses ayeuls, & y a nommé l'an 1523. Ce droit lui ayant
transmis, par le décés d'Aubert son pere qui succéda à Jean V.
y nomma le premier en 1453. Les institutions données sur leurs
esentations, seront produites par production nouvelle, sous le bon
aisir de SON ALTESSE ROYALE.

Jean VI. son aîné eut dans son lot le Fief & Château d'Our-
es, comme il paroît par ledit partage de 1499.

Il a repris les instances commencées en 1390. contre le Chapitre
de la Catédrale de Toul par ses ayeux, pour quelques droits-Seigneu-
riaux en la terre d'Ourches. On produira même la sentence qui a été
renduë contre lui l'an 1484. avec l'acte d'abandonnement qu'il en a
fait au Chapitre.

Il a eu le nom de Jean aprés Aubert son pere, ces deux noms
ayant été alternatifs dans la famille, depuis Jean III. époux d'Isabelle d'Apremont, jusqu'à Robert, qui épousa Jeanne Guyot de
Bullizy.

Enfin il a porté le nom & les armes d'Ourches, comme Aubert
IV. son pere. Quelle preuve de filiation veut-on plus sensible ? Et
peut-on refuser la qualité de fils à celui, qui est reconnu tel par de
titres autentiques, qui a eû par succession, les biens de son pere
exercé les mêmes droits, repris les mêmes procés, porté même nom
& mêmes armes: il faut aimer la contestation, pour ne point se
rendre à la verité.

*Stemma probat genus, & stirpem de stirpe secernit.*
*Satque probatum, si nomen cum stemmate jungas.*

Les Sieurs de Vidampierre ont senti la force de la preuve du Sr.
d'Ourches, ils ont connu que les pieces produites étoient relatives,
& se soutenoient respectivement, aussi n'ont-ils osé contester les inductions qu'on en a tiré, de peur de revolter les esprits; mais pour
ne point se rendre sans combatre, ils se sont contenté d'ataquer le
partage en forme de transaction de 1499. en soûtenant qu'il étoit
inutil à la contestation & tres-suspect, sans considerer qu'en avoüant
les autres pieces, la preuve du Sieur d'Ourches reste en son entier,
même indépendamment dudit partage. Aussi l'ont-ils ataqué si foiblement, que les moins éclairés connoîtront qu'ils batent en retraite,
& ne veulent plus se défendre qu'en fuyant.

C'est dans ce dessein qu'ils ont avancé que la transaction étoit
inutile & ne prouvoit rien, parce que donnant seulement la qualité
d'ayeule paternelle des enfans de Jean VI. à Caterine de Mandre
ce simple énoncé ne prouve rien, que d'ailleurs ne parlant aucuné-
ment d'Aubert IV. elle ne justifie pas, qu'il ait été ayeul desdits
enfans; & enfin, que le Château d'Ourches & autres parts de Seigneuries qui étoient obvenus à Jean VI. de la succession d'Aubert,
étoit une marque fort équivoque qu'il eût été son fils.

On laisse aux connoisseurs à juger de la validité de ces objections,
& s'il est vrai que l'énoncé ne prouve rien dans les titres anciens &

autentiques,

autentiques, particuliérement lorſqu'ils ont été fait dans un tems non ſuſpeƐt ; & ſi l'axiome que *enunciativa probant in antiquis*, doit être rejetté de l'uſage, & la pratique la plus commune, exprés pour établir la prétention des Sieurs de Vidampierre. On croit avoir ſuſfiſamment juſtifié par les tîtres rélatifs à ladite tranſaƐion, qu'Aubert IV. époux de Caterine de Mandre étoit pere de Jean VI. & que les mêmes biens, le nom, les armes, en un mot toute la ſuccéſſion font une preuve infaillibe de filiation, lorſqu'elle eſt fondée ſur tîtres autentiques, comme celle dont s'agit. Laiſſons donc ces minuties qui ne peuvent faire aucune impreſſion, pour examiner ſi les raiſons de fauſſeté & de ſuſpicion qu'ils ont propoſé contre cette ſeule piece, ſont admiſſibles.

*Reponſe aux deux premiers moyens de ſuſpicion.*

Les deux premiers moyens de ſuſpicion roulent ſur la ſignature, & l'expedition de la tranſaƐion ou partage de 1499. Cette tranſaƐion, dit-on, a été reçûë par A. de Bar & N. Lécuyer, & l'expedition qu'on a produite, eſt ſignée de J. Royſtel, Huiſſier aux grands jours de Saint Mihiel ; & 95. ans aprés cette premiere expedition, on en a fait tirer une copie ſignée Berard, Notaire du Clermontois. Pourquoi dit-on, cette premiere ſignée par un Huiſſier ? comment l'a-t'il tirée de l'étude des Notaires, qui l'ont reçûë ? pourquoi en avoir fait tirer une copie 95. ans aprés, par un Notaire étranger ? là deſſus on crie au aux, on ſe déchaine contre la memoire de Nicolas, biſayeul du Sieur d'Ourches, on le taxe d'avoir fait tirer cette ſeconde copie, pour ſe faire un tître qui pût lui faire prendre le nom & les armes d'Ourches, & lui faire trouver des ancêtres dans cette famille.

Voilà donc, ſelon la penſée du Sieur de Vidampierre, Royſtel déclaré fauſſaire ; parce qu'il eſt Huiſſier, Berard ſuſpeƐ, parce qu'on ne croit pas qu'il ait été Lorrain, & Nicolas acuſé d'uſurpation & de perfidie, pour avoir ſçû tirer des mains d'une Demoiſelle des pieces pour fonder ſon injuſte entrepriſe. En verité il faut aimer la ſatire & la critique, pour inveƐiver contre des morts à ſi bon compte ; mais on demanderoit volontiers ſur quel fondement ils ataquent la probité de ce Royſtel, qui ne leurs a jamais donné aucun lieu de ſoupçonner ſa foi, ni ſa conduite, quel interêt pouvoit avoir cet Huiſſier pour faire une fauſſeté, & pour fabriquer un tître en faveur de la maiſon d'Ourches ? car enfin *nemo gratis malus*, elle n'avoit rien à déméler pour lors avec celle de Vidampierre : n'auroit-il point prévû peut-être que Nicolas 95. ans après, s'aviseroit de se servir de ce titre pour se faire une Genealogie ? disons mieux, la maison d'Ourches étoit divisée en deux branches, celle de Jean VI. & de Cristophe I. son frere, ce partage ou transaction tomba en original à Cristophe : les décendans de Jean en firent tirer une copie par une personne publique 95. ans après : quelqu'uns des décendans de Jean VI. en firent tirer une autre copie par un Notaire, non pas étranger, ni apocrif; mais Lorrain, puisque le Clermontois étoit sous l'obéissance du grand Duc Charles, voilà tout le mistere découvert & les deux premiers moyens de suspicion sufisamment réfutés, passons au troisiéme.

*Il est à remarquer que la plus part des Notaires rendoient les minutes, ce qui est si vrai que la plus part des titres du Sr. d'Ourches sont originaux.*

### Réponse au troisiéme moyen de suspicion.

Les Sieurs de Vidampierre ajoûtent pour troisiéme moyen de suspicion, que ce partage est faux dans son énoncé, en ce qu'il met dans la succession de Jean VI. la Seigneurie d'Ourches, quoique de son vivant il n'ait jamais pris la qualité de Seigneur, ce qu'il n'auroit pas manqué de faire dans une infinité d'actes considérables qu'il a passé, s'il avoit été proprietaire de cette Seigneurie, & en ce qu'il ne lui donne pas la qualité de Chevalier que ses auteurs ont toûjours porté.

Cette nouvelle dificulté montre assés qu'ils sont étrangers à la maison d'Ourches, puisqu'ils n'en connoissent ni les biens, ni les qualités, ni les afaires; s'ils en étoient mieux instruits, ils sçauroient que Jean de Joinville donna en 1229. le fief & maison d'Ourches à Remy d'Ourches son parent, qui l'a transmis par droit successif à tous ses successeurs jusqu'à Jean VI. inclusivement, sans que pas un ait pris la qualité de Seigneur d'Ourches, à la réserve d'Aubert IV. qui pour l'avoir voulu prendre une seule fois, soûtint un procés contre le Chapitre de la Catédrale, Seigneur Haut-justicier, moyen & bas dudit lieu, au Parlement de Paris, qui fit défense audit Aubert de prendre cette qualité. Aussi dans tous les titres produits tant de part que d'autre, on ne voit pas que les ancêtres de Jean VI. s'en soient jamais servi.

*cette donation est énoncée dãs la trãsaction de 1463 qui a été produite le vidimus de cette donatiõ est dans les archives de la Catédrale en date de l'ã 1415. layette d'Ourches*

A l'égard de la qualité de Chevalier, il ne faut pas s'étonner si on ne lui a point donné dans ce partage, puisque lui-même ne l'a point pris de son vivant, non plus que Henry, Nicolas, Didier, &

Robert ſes fils & petit fils, quoi qu'elle leur fut dûë de droit, étant grégés à l'ancienne Chevalerie, s'étant contenté des titres honora-les de Bailly, de Maître d'Hôtel & Ecuyer des Ducs de Lorraine, e Gentilhomme de la Chambre, Conſeiller d'Etat & autres.

Auſſi cette qualité de Chevalier a-t'elle bien varié dans les ſiécles erniers, dans la maiſon d'Ourches comme dans les autres : Jean IV. rit la qualité d'Ecuyer, Aubert III. ſon fils, prit celle de Chevalier, ean V. fils d'Aubert eût celle d'Ecuyer, Aubert I V. ſon fils celle e Chevalier, Jean V I. imitant la variation qui étoit dans ſa famil-e, ſe contenta de celle d'Ecuyer, qui fut relevée de celle de Seigneur e Morionviller, Cauſbigny, Receicourt, Vadoncourt, Bauzée, ongmey, Domremy & Gouſſaincourt, Capitaine d'une Compagnie ordonnance ſous Robert de Baudricourt, Mareſchal de France ; & s fils & petits fils ſuivirent ſon exemple.

Il ne paroît pas même que cette qualité ait été fort en uſage de-uis la fin du quinziéme ſiecle, juſqu'au milieu du ſuivant, les rincipales familles ne l'ayant pas priſe, comme celles de Salmes ingraff, Haraucourt, Liſeras, Marcoſſey, Vigneules, Hauſſon-ille, du Hautois, Vatronville, Tavagny, Ligneville, Gourcy & utres : comme il eſt aiſé de voir dans l'enquête faite par les Com-iſſaires de Malthe pour la réception de frere Charles d'Ourches, & utres pieces produites au procés, dont la plûpart juſtifient que les uteurs reconnus des Sieurs de Vidampierre, ont ſuivi l'exemple des tres. Paſſons au quatriéme moyen de ſuſpicion.

Réponſe au quatriéme moyen de ſuſpicion.

Ils diſent pour quatriéme moyen, que cette piece eſt ſuſpecte, parce qu'on y diſpoſe en faveur d'un des enfans de Jean V I. de la ſucceſſion à écheoir de Caterine de Mandre, ces mots à écheoir, & l'omiſſion de celui de feüe, faiſant connoître ſenſiblement qu'elle étoit encore vivante, & en même-tems la ſupoſition de la piece; parce qu'il n'eſt point à préſumer qu'on auroit donné en partage une ſucceſſion qui n'étoit pas encore ouverte.

C'eſt ainſi qu'on ataque des pieces autentiques, dont l'énoncé fait oi, & qui ont été reconnuës & executées dans une maiſon illuſtre depuis des ſiecles entiers par des préſomptions; mais comme on s'eſt propoſé de répondre à tout, il faut renverſer juſqu'à leurs préſomp-tions, & juſtifier la piece en tous ſes points.

E ij

On ne s'arêtera pas à aprofondir, si Caterine de Mandre étoit vivante lors du partage, ou non, parce qu'on peut expliquer cett pìece en l'un & l'autre cas; car si elle étoit morte lors du partage rien n'étoit plus naturel, que les petits fils partageassent sa succession aprés la mort de leur pere, ces mots *à écheoir* n'emportans aucune contradiction, parce qu'elle pouvoit avoir disposé de l'usufruit d ses biens en faveur de quelqu'uns, qui n'étant pas éteint lors du partage, tenoit la succession en échec jusqu'à la mort de l'usufruitier sans empêcher néanmoins qu'on n'en partageât la proprieté.

Si elle étoit vivante, quoi de plus naturel, que de son consente ment, on lui ait réservé pour heritier, un de ses petits fils pour le quel elle avoit peut-être de la prédilection, & qu'on ait donné au autres une portion équivalente dans les biens de leur pere qui étoi déja mort. Ou bien cette succession à écheoir étoit peut-être la por tion de bien dont elle joüissoit par doüaire, qu'elle ne pouvoit alie ner, étant du bien de son mari, & qui n'étoit point encore échûë parce qu'elle en avoit l'usufruit.

L'omission du mot de *feüe*, ne fait aucune conséquence, puisqu dans les anciens actes, il a fort varié, on lui a souvent substitu ceux, de *qui fuit*, *que Dieu pardonne*, *que Dieu prenne la sa veté de leur ame*; & enfin on en trouve plusieurs où tous ces mo sont omis, comme on le peut voir dans le titre d'amortissemen des biens de la Chapelle de S. Nicolas d'Ourches fondée par Jean V lequel parlant d'Aubert son pere qui étoit déja mort, l'apelle seule ment son tres-cher pere, sans aucune dénomination précédente.

### Réponse au cinquiéme moyen de suspicien.

Ils soûtiennent pour dernier moyen, qu'on a donné faussemen dans cet acte la qualité d'ayeule paternelle des enfans de Jean VI. Caterine de Mandre, puisque Calot & Husson donnent pour femm à Aubert pere de Jean VI. Marie d'Apremont.

On ne sçait si les Sieurs de Vidampierre y ont bien pensé, quan ils se sont servi, & ont avoüé l'autorité de Calot & Husson, n'ont pas vû, sans doute, qu'elle établissoit le Sistême du Sr. d'Ou ches, mais il n'est pas extraordinaire qu'on ait éclairci la verité voulant l'obscurcir. Qu'ils examinent donc bien ces deux nobiliaire ils verront qu'ils qualifient Aubert pere de Jean, époux d'Anne de Receicourt, qui est justement l'auteur reconnu du Sieur d'Ou

ches : ainſi de l'aveu même des Sieurs de Vidampierre, le Sr. d'Ourches eſt décendu d'Aubert d'Ourches auteur non conteſté, puiſque
ſelon ces auteurs, cet Aubert étoit pere de Jean.

Ces auteurs ſe ſont ſeulement trompé à Marie d'Apremont qu'ils
ont donné pour femme à Aubert I V. ils devoient la donner à Aubert I I. pere de Jean I V. & la conformité des noms les a jetté
dans l'erreur. Ils ſe ſont trompé de même, & ont laiſſé des vuides
dans les Genealogies qu'ils ont fait de pluſieurs illuſtres maiſons,
dont ils n'ont pas eu tous les titres; c'eſt pourquoi il ne faut pas
s'étonner, s'ils ont pris la femme d'Aubert I I. pour celle d'Aubert
I V. & ſauté quatre dégrés intermediaires.

Ce n'eſt point aſſés au Sieur d'Ourches d'avoir réfuté par ordre
tous les moyens de ſuſpicion qui ont été propoſés contre le partage
en forme de tranſaction de l'an 1499. il croiroit n'avoir pas ſatis-
fait à ſa délicateſſe & à ſon exactitude, s'il ne juſtifioit par titres
non conteſtés, que cette piece eſt non-ſeulement veritable en tout
ſon énoncé, mais a été executée dans toute ſon étenduë.

### Enoncé du partage.

Il eſt porté dans ce partage ou tranſaction, qu'Aubert, Robert,
Alix, Criſtophe & Caterine, fils de Jean d'Ourches & d'Annelle de
Receicourt, de l'avis de Criſtophe d'Ourches, & de Gerard du Hau-
tois leurs oncles, ont partagé la ſucceſſion de leur pere & mere.

Aubert aîné eut en ſon lot la maiſon ou Château d'Ourches,
avec la ſucceſſion de Caterine de Mandre ſon ayeule paternelle.

Robert eut la terre de Vadoncourt, & le droit de réachat que
ſon pere avoit ſur la terre de Meligny.

Alix eut en augmentation de dot la terre de Receicourt.

Caterine eut les terres de Bauzée & de Morionviller.

Criſtophe ſe fit Moine, & ne prit qu'une penſion viagere.

### Preuve de l'énoncé.

1°. Il eſt juſtifié que Jean VI. avoit épouſé Annelle de Receicourt par un contract d'aquêt de l'an 1487. produit & non conteſté, par lequel il paroît que Jean d'Ourches & Annelle de Receicourt ſa femme, aquêterent une portion de bois, qu'Alix de Stain-

ville, & Claude d'Ourches son fils, avoient à Ourches & à Longor.

2°. Il est prouvé que ce Jean étoit propriétaire de la maison où Château d'Ourches, par son testament de 1488. produit & non contesté, par lequel il donne 300. francs de rente viagere à son épouse, à prendre sur ladite maison.

3°. Par ce testament, il est justifié qu'il avoit la terre de Morionviller dont il laissa l'usufruit à ladite de Receicour son épouse.

4°. Annelle de Receicourt eut de Bon son pere, les terres de Vadoncourt & de Receicourt, & les transmit à son mari. Il paroît que Bon son pere étoit Seigneur de ces deux terres, par le crayon de la noblesse d'Husson l'Ecossois.

Il est encore justifié que Cristophe d'Ourches & Gerard du Hautois, de l'avis desquels le partage fut fait, étoient oncles des enfans de Jean VI. par le testament de ce dernier, de 1488. où il nomma ledit Cristophe son frere executeur testamentaire, & Gerard du Hautois prend la qualité d'oncle de Robert d'Ourches fils dudit Jean, dans un échange que ce Robert fit de la terre de Vadoncourt, contre celles de Domremy & de Goussaincourt l'an 1518. Tous ces titres sont produits & non contestés.

### Preuve de l'execution du partage.

Il paroît qu'Aubert fils aîné de Jean VI. eut la maison & Château d'Ourches qui étoit tombé en son lot, par un aquêt qu'il fit en 1512. d'une petite portion que Thomas auteur des Sieurs de Vidampierre, avoit dans la Seigneurie d'Ourches, il est nommé dans ce contract Aubert d'Ourches Seigneur d'Illec.

Il est justifié que Robert eut la terre de Vadoncourt qui étoit tombée en son lot, puisqu'il l'échangea en 1518. contre les terres de Domremy & de Goussaincourt.

Caterine eut les terres de Bauzée & Morionviller, & les transmit à Jean de Bar son mari, qui prit la qualité de Seigneur de Bauzée, comme il est prouvé par les institutions qui furent données l'onziéme Juin 1549. sur sa presentation à la Chapelle de S. Jean Batiste & de la Madeleine érigée en la Paroisse de Bar.

Alix fut mariée à Mathieu de Brenon Seigneur d'Orçon, &c.

Cristophe se fit Moine à S. Vannes de Verdun, & mourut en 1540. comme il paroît par l'obituaire de cette Abaye.

Tous ces titres produits & non contestés, justifient pleinement l'énoncé & l'execution de ce partage ou transaction. Le public peut juger de quelle consideration peuvent être les prétenduës présomptions & moyens de suspicion proposés contre, par les Sieurs de Vidampierre.

Aussi ne les ont-ils osé mettre au jour qu'à la derniere extrêmité, & lorsqu'ils ont vû leur cause absolument déplorée, & leur prétenduë Genealogie détruite, on les a vû pour lors faire fleche de tout bois, s'acrocher en désesperé à celle du Sieur d'Ourches, qu'ils avoient respecté jusques-là, insulter à la memoire de ses auteurs, en un mot tâcher par toutes voyes d'entraîner sa maison avec la leur dans le précipice. *Similes his, qui periclitantur in aquis, nimirum videas eos tenere, nec ulla ratione deserere, quod primum occurrit manibus, quidquid illud sit, licet tale sit, quod omnino prodesse non possit.*

Bernardus serm. 1. de advent.

Cette transaction pleinement justifiée, on ne peut plus douter que la preuve du Sieur d'Ourches ne soit en son entier, que Jean VI. son auteur n'ait été fils d'Aubert IV. & de Caterine de Mandre, & lui parconsequent décendu en ligne directe de mâle en mâle de l'illustre & ancienne maison d'Ourches, puisqu'on ne lui a contesté que ce dégrés, & qu'on reconnoît tous ses auteurs jusqu'à Jean VI. inclusivement.

Voilà donc le Moine apocrif travesti en Alexandre, & le nœud gordien coupé, le fantôme dévoilé, & toutes les fades plaisanteries des Sieurs de Vidampierre confonduës. On espere qu'ils cesseront de faire violence à la nature, qu'ils rendront le fils au pere, & puisqu'ils ont été aussi changeans que Prothée dans leur Sistême, on se flate qu'un autre Aristée les obligera de reconnoître & publier une verité fondée sur des titres & des preuves aussi claires que le jour : *Age jam, quod ipsius solis radio putem scriptum, ita claret.*

Fades plaisanteries dont les Sieurs de Vidampierre ont grossi leurs ecritures.<br><br>Tertul. de resur. cor. cap. 47.

### Seconde proposition servant de réponse à la seconde objection des Sieurs de Vidampierre.

On a dessein dans cette seconde proposition de prouver que les auteurs du Sieur d'Ourches, ont toûjours porté le nom & les armes de cette maison ; & pour le faire par ordre, on commencera à Aubert IV. auteur reconnû par les parties, qui a pris le nom d'Ourches, dans les titres de 1447. & 1463. produits.

Jean VI. fon fils a continué à prendre le même nom dans un contract d'aquêt qu'il a fait d'une portion de bois, tant à Ourches qu'à Longor le 15. Décembre 1487. & dans le partage en forme de tranfaction de l'an 1499. dans lefquels il prend le nom d'Ourches. Ces titres font produits.

Robert fon fils a pris le nom d'Ourches dans le contract d'échange du dernier Janvier 1518. de la terre de Vadoncourt, contre celle de Domremy & de Gouffaincourt; & a figné, *Robert d'Ourches*.

Il a pris le même nom dans les reprifes qu'il fit à la Chambre des Comptes de Bar en 1534. pour ce qu'il poffedoit dans les Prevôtés d'Etain & de Longuyon.

Didier fils de Robert eût le nom d'Ourches dans la fondation de la Chapelle caftrale de Cercueil, faite en l'an 1593. par fa veuve Alix de Biliftein, fuivant le projet que lui même avoit dreffé de fon vivant; & le Sieur Thiriet, Grand Vicaire, Oficial, Abbé de Saint Leon, & élû Evêque de Toul, lui donna le même nom dans l'acte de fpiritualifation de cette Chapelle. Ces titres font produits.

Un an aprés la mort de ce Didier, fa veuve fit élever fon Maufolée, où le nom d'Ourches eft gravé au deffus des armes.

Olry, Chantre & Chanoine de la Primatialle de Nancy, Prieur de Belval, & Jean, Prieur de Varangeville & Dammarie, tous deux Confeillers d'Etat, & Commiffaires aux Etats-Generaux de Lorraine pour le Clergé, & fils de Didier, ont pris le nom d'Ourches, le premier dans une obligation paffée au profit d'Antoine Valliere le . . . le fecond dans un autre obligation par lui paffée au profit de Simon d'Igny, Seigneur de Fontenoy. Ces contracts font produits.



Nicolas fils de ce même Didier, & frere d'Olry & de Jean a pris le même nom dans une procuration qu'il donna à fon pere l'an 1574. dix ans avant fon mariage.

Depuis le mariage de ce Nicolas on convient que le nom d'Ourches a été perpetué dans cette maifon jufqu'à prefent.

Ainfi il eft conftant par les pieces produites, que depuis Aubert IV. auteur reconnu jufqu'à prefent, le Sieur d'Ourches eft en poffeffion de ce nom, tant par lui, que par fes predeceffeurs, fans y avoir été troublé. Mais comme les Sieurs de Vidampierre ont produits quelques titres, par lefquels ils ont prétendu prouver, que le nom d'Ourches n'étoit pas le veritable nom de fa maifon; mais qu'il avoit été fubftitué par ufurpation à celui d'Oûches, il faut lever les preftiges, & montrer que fi on a donné le nom d'Oûches à quelqu'uns

des auteurs

des auteurs du Sieur d'Ourches, ç'a été par corruption ou variàtion de langage, qui n'a pû changer, ni ſon nom, ni ſes armes.

On avoüe, de bonne foi toutes les pieces que les Sieurs de Vidampierre ont produits, dans leſquelles, les auteurs du Siéur d'Ourches, ont été nommés, d'Oûches; mais on leurs dénie fortement que ce nom d'Oûches ait été diferent de celui d'Ourches, en ſorte qu'ils ayent fait deux familles diferentes.

*Ex veris ne dicito falſum.*

Dés le tems des anciens Romains, on trouve que les noms ont changé dans les familles, ſelon la pureté ou groſſiereté du langage. Tel fut ſelon Plutarque, le nom de *Clauſius,* qui dégénera d'abord en celui de *Clauſius,* & dans la ſuite en celui de *Claudius.* Tels furent ſelon Charles Sigonius, les anciens noms d'*Albus, Rufus, Mamercus, Meſſala, Corvus, Longus, Craſſus, Paulus, Balbus, &c.* qui par corruption, furent changés en ceux d'*Albinus, Rufinus, Mamercinus, Meſſalinus, Corvinus, Longinus, Craſſinus, Paulinus, Balbinus, &c.* <sup>Faſt. cõſul de nomin.</sup>

Mais à quoi bon ſortir de la Province, puiſque dans la Lorraine on a vû les noms de *Thiery, Mahen, Raoul, Jehan, Thibelt, Bertemin* ou *Botremeux, Huë, Odes, Loïs, Aubert, Deniſon, Colard, Ferry, &c.* corrigé par ceux de *Theodoric, Mathieu, Rodolphe, Jean, Thiebault, Bartelemy, Hugues, Eudes, Louis, Albert, Denis, Nicolas & Federic.*

Les maiſons les plus illuſtres ont été ſujèttes à cette variation, ſans qu'on ſe ſoit aviſé juſqu'à preſent de leurs diſputer leurs anciens noms; & nous voyons aujourd'hui celles de Salmes, de Beauveau, d'Haraucourt, de Mitry, de Ragecourt, de Ludres, de Germiny, Savigny, Bourlémont, Gourcy, du Hautois, Luzbourg, joüir paiſiblement de toutes les prérogatives dûës à leur ancienne nobleſſe, quoi qu'elles n'ayent été connuës dans les ſiecles paſſés que ſous les noms de Saulmes, Beauval, Haracourt, Metrey, Raichecourt, Luddes, Germiney, Sévigney, Borlémont, Gorcey, du Hatois, & Luxelbourg; où en ſeroient toutes ces maiſons, ſi elles avoient des Vidampierre pour antagoniſtes, & qu'on voulut leurs faire perdre leur nobleſſe, leurs privileges, leur nom, & leurs armes, parce que le langage a varié, & qu'on a changé quelque ſyllabe en leurs noms? C'eſt pourtant ſur ce ſeul point, qu'on fait le procés aujourd'hui au Sieur d'Ourches.

Du general, ſi on paſſe au particulier, on verra que la maiſon

F

d'Ourches a été sujette au changement comme les autres, le village dont elle porte le nom, a été connu sous les noms latins *d'Oscada, Orcada, Vrchia, Orchia, Oscha, VVarchia, & Ochia,* qui signifient tous, terre abornée, selon le glossaire de du Cange; on peut voir sur cette variation, les titres imprimés à la fin de l'histoire des Evêques de Toul, & les institutions aux Chapelles & Cure d'Ourches, qui sont dans les registres de la Chambre Episcopale.

Le langage du païs n'a pas été plus constant, puisqu'on a nommé ce village tantôt, *Ourches, Oûches, Orches, Varches, & Oches;* comme il est justifié par une transaction de l'an 1463. entre Aubert IV. & le Chapitre de la Catédrale de Toul, qui rapelle son aycul, sous le nom de *Remy d'Oche,* quoique lui-même y soit nommé *Aubert d'Ourches.*

Jean I. du nom prit le nom de *Varchi,* en 1281. dans un traité qu'il fit avec Geoffrois de Salney, & Guillaume de Gissy ses deux beaux-freres.

On voit dans la layette d'Ourches aux Archives de la Catédrale de Toul, un titre de l'an 1415. contre les habitans *d'Orches.*

Robert fils de Jean VI. eut une fille Religieuse aux Dames Précheresses de Nancy, qui prit le nom *d'Oulches* dans une quittance qu'elle donna au Tréforier general de Lorraine, quoique son pere portat le nom *d'Ourches,* comme on l'a prouvé, cette quittance a été produite par les Sieurs de Vidampierre.

Didier fils de Robert, changea quatre fois de nom, car dans son contract de mariage, il prit le nom *d'Oches,* il fut nommé *d'Ourches* dans la procuration que Nicolas son fils lui donna; Charles III. Duc de Lorraine, lui donna celui *d'Oûches* dans les patentes de Bailly d'Epinal qu'il lui fit expedier le . . . & Jâques de Tavagny Prieur de Varangeville & Abbé de Saint Evre son parent, le nomma Didier *d'Oulches* dans un bail emphiteotique qu'il lui passa de la terre d'Heillecourt; tous ces titres sont au procés, à la reserve des deux derniers, qui seront produits par production nouvelle, si on les juge nécessaires.

Encore actuellement les habitans nomment ce village *Oûches,* de sorte que dans une incertitude & variation si aparente, la querelle que les Srs. de Vidampierre font au Sieur d'Ourches sur son nom, ne peut passer que pour une chicane, que l'on pouroit retorquer contre eux, si on vouloit leurs disputer les Seigneuries de Sauville, Delouse, Vidampierre & Belmont, parce que les noms de ces terres ont variés,

& qu'elles ont été connuës fous ceux de Saville, Delofe, Vieldem-
pierre & Bémon ; leurs auteurs mêmes ont foûfert le même changement dans leur nom, puifque Thomas II. dont ils fe font décendre,
a pris le nom d'Orches dans un titre qu'ils ont produits.

Il faut donc qu'ils avoüent de bonne foi, que ce nouveau moyen
qu'ils ont fabriqué pendant cinq femaines, n'eft pas de meilleur aloi
que les autres ; & qu'une fucceffion de nom & d'armes depuis plufieurs fiecles bien juftifiée, ne fera jamais renverfée, faute d'une fyllabe.

Troifiéme propofition fervant de réponfe à la troifiéme
objection des Sieurs de Vidampierre.

Les Sieûrs de Vidampierre s'étoient fait un Siftême à leur mode,
& voulans fe faire jour dans la famille d'Ourches, s'étoient ata-
chés à Aubert V. fils d'Aubert d'Ourches IV. du nom, ils avoient
fupofé cet Aubert V. marié à Marie d'Apremont, & en avoient fait
décendre Thomas I. leur auteur.

Pour unique preuve de leurs projets, ils s'étoient fervis du Martirologe de Malthe, qui marque frere Claude d'Ourches, tué en 1571.
fils d'Aubert d'Ourches, & de Marie d'Apremont, fille de Thomas
d'Apremont ; mais cette piece fut d'abord debatuë par le Sr. d'Ourches qui en fit voir les fauffetés & l'anacronifme, en ce qu'il étoit
impoffible que cet Aubert eut époufé cette Marie d'Apremont qui étoit
mariée dés l'an 1409. à Aubert II. fon quintifayeul ; & par là tout
leur Siftême tomboit, puifque étant évincé de ce dégrés qui les
acrochoit à la maifon d'Ourches, tous ceux qu'ils avoient prouvés
jufqu'à Thomas I. étoient inutiles, ils ont donc foûtenus que cette
Marie d'Apremont, dont il eft parlé dans le Martirologe, a été autre que celle qui a été mariée à Aubert II. du nom ; & fur cette al-
legation qu'ils n'ont pû prouver jufqu'à prefent, ils ont prétendu,
qu'étans décendu de cet Aubert & de cette Marie d'Apremont, ils
font de la maifon d'Ourches, & en doivent porter le nom.

Le Sieur d'Ourches s'eft propofé dans cette derniere propofition,
de prouver tout le contraire, & de montrer que les Sieurs de Vidampierre ne font pas de cette maifon, parce que leurs auteurs n'en
ont jamais décendu. Tout le nœud de la dificulté confifte à prouver que cette Marie d'Apremont, dont il eft parlé dans le Martirologe de Malthe, a été la même qui étoit mariée en 1409. à Aubert II. & fi l'on juftifie cette verité, l'anacronifme eft évident, &
l'énoncé du Martirologe évidemment faux ; & c'eft ce qui paroît par

le Martirologe même, qui nomme cette Marie d'Apremont fille de Thomas d'Apremont. Or il est justifié par la reprise qu'Aubert I I. & Marie d'Apremont sa femme, firent à l'Evêque de Metz en 1409. qu'elle étoit fille de ce même Thomas d'Apremont.

C'est donc au Sieurs de Vidampierre de montrer que Marie d'Apremont qu'ils donnent pour épouse à Aubert V. & qui est dénommée dans le Martirologe, ait été fille d'un autre Thomas d'Apremont, que celui qui a été beau-pere d'Aubert II. & jusqu'à ce qu'ils l'ayent fait, on est en droit de soûtenir qu'il n'y en a jamais eû, parce qu'en matiere de Genealogie, les supositions n'ont point lieu, il faut tout prouver.

C'est donc en vain qu'ils continuent à bâtir sur leurs supositions, la question n'est pas de sçavoir s'ils décendent de Thomas I. mais si ce Thomas est entré dans la famille d'Ourches par le canal d'Aubert V. & de cette prétenduë Marie d'Apremont, sans quoi, leur fondement & premier dégrés étans sappés, tous les autres qu'ils en ont tiré ne sont d'aucune consideration.

On a fait voir dans la production précédente, que le Martirologe qui est leur unique piece, est fautive dans tout ce qui regarde la filiation de Claude d'Ourches, & qu'il contient presque autant de fautes que de lignes, que l'auteur s'est trompé sur le local, plaçant Ourches dans le Barrois, qu'il n'a point été instruit des maisons du pays, en faisant décendre Claude de Forcelles femme de Thomas II. des Comtes de Vaudémont de Deüilly, quoique la maison de Deüilly fut éteinte plus de 80. ans avant cette Claude de Forcelles, la terre de Deüilly étant passée dans la maison du Châtelet. Toutes ces fautes grossieres jointes à l'anacronisme évident qu'on y trouve, prouve sufisamment, que l'auteur de cet ouvrage a été trompé par des faux mémoires fournis par des personnes interessées & peu sçavantes de la maison d'Ourches.

Il est donc fort inutil de canoniser son livre, sur ce que le Roi Tres-Chretien en a permis l'impression dans son royaume, & sur la lettre qui fut écrite à l'auteur par le grand Maître de l'Ordre, pour le remercier de son ouvrage.

On sçait assés que les Princes permettent l'impression des livres sur l'aprobation des Censeurs, qui ne sont nullement responsables des faits apocrifs ou erreurs de fait qui s'y trouvent; & si le grand Maître a remercié l'auteur, c'étoit par pure honnêteté, & parce qu'il avoit rendu service à l'Ordre, par la composition de son livre, qui n'est peut-être pas si fautif ailleurs que dans cet endroit.

La prétenduë preuve qu'ils tirent de Husson & Calot, n'est pas plus solide, puisqu'ils avoüent qu'ils se sont trompé, & qu'ils ont pris un Aubert pour un autre, en donnant cette Marie d'Apremont pour femme à Aubert IV. pere de Jean VI. On convient avec eux de l'erreur, & qu'au lieu d'Aubert IV. ils devoient nommer Aubert II. mais cet erreur ne fait rien en leur faveur, & prouve seulement qu'ils sont bien dénué de preuves, s'ils sont obligé d'en chercher chez des auteurs qu'ils reconnoissent apocrifs.

S'ils n'ont pas réüssi à prouver le Mariage d'Aubert V. avec Marie d'Apremont, ils n'ont pas mieux justifié, que Thomas leur auteur en soit issu.

En éfet, le contract d'engagement fait par ledit Thomas, le dernier Juin 1512. des portions qu'il avoit dans les Seigneuries d'Ourches, Longor, Blainville, &c. ne prouve rien moins; & la conséquence qu'ils tirent de ce titre, que lesdits biens ayans été réünis en la personne de leur Thomas, prouvent qu'il est issu d'Aubert IV. pere d'Aubert V. qu'ils suposent en avoir été proprietaire, est fautive & erronée.

On avoüe éfectivement qu'Aubert IV. eût une portion dans la terre de Longor, & quelques droits d'entrecourt & forfuyance sur d'autres villages; mais dés l'année 1463. il en fit échange avec le Chapitre de la Catédrale, contre les terres de Rogéville & Viller en hays, & fit accéder Aubert V. son fils, qui étoit majeur, au contract; de sorte qu'il étoit impossible de se pourvoir contre.

Il est donc évidemment suposé que Thomas, époux d'Alix de Gombervaux, ait eû par droit successif de ces deux Aubert en 1512. cette portion dans la terre de Longor, puisque dés l'année 1463. elle avoit été échangée. Mais s'il est permis d'entrer dans la verité par conjectures: ce Thomas eut une portion dans la terre de Longor, qu'il aquêta de la maison de Verrieres, qui en avoit un quart à cause d'Isabelle d'Ourches son épouse, & sœur d'Aubert IV. aussi dans le contract d'échange ou transaction de 1463. qui a été produit, on a eû grand soin de réserver ce quart, par ces mots, *sauf le quart de Geoffrois de Verrieres*. Il en est de même de la portion dans la terre d'Ourches & autres, &c.

On passera ce raisonnement sans aucune dificulté, si on considere que ce Thomas ne pouvoit avoir eû ce quart dans les terres susdites par droit d'heredité des Sieurs de Verrieres, puisque cette maifon a fubfifté plus de 4 o. ans aprés Thomas; il faut donc conclure qu'il ne l'a eû que par aquêt, & que l'induction que les Sieurs de Vidampierre tirent de la prétenduë fucceffion de leur Thomas à Aubert IV. & V. eft erronée ; mais on doit au contraire préfumer qu'il n'eft pas décendu d'eux, puifqu'il n'a eû cette petite portion de leur bien que par aquêt : auffi Aubert fils de Jean VI. ne foûfrit-il pas que cette portion des biens de fes peres reftât plus long-tems dans une famille étrangere, & la racheta pour 34. écus. Le contract eft produit.

cette portion dans la terre d'Ourches pouroit bien avoir fait prédre le nom d'Ourches à Thomas I. auteur des Srs. de Vidapierre

On croit avoir établi fufifamment que Thomas I. n'a jamais été fils d'Aubert V. & de Marie d'Apremont, puifqu'on a réduit les Sieurs de Vidampierre à l'impoffibilité de prouver, que cet Aubert eût époufé une femme de ce nom, fille de Thomas d'Apremont, & qu'il en eût eû Thomas I. Voilà donc fa Genealogie détruite, puifqu'elle eft interrompuë.

On les a réduit à avoüer l'anacronifme qui eft dans le Martirologe, dont ils faifoient leur pierre angulaire, ils acufent eux-mêmes la fauffeté de Calot & Huffon qu'ils avoient apellé à leur fecours : on vient de leurs montrer que leur Thomas n'avoit jamais rien eû des fucceffions d'Aubert IV. & V. dont ils faifoient leurs fouches, ils ne peuvent actuellement montrer aucuns titres où Aubert V. ait prit la qualité d'époux de Marie d'Apremont, ni leur Thomas celle de fils d'Aubert d'Ourches; on leurs a montré au contraire, par des argumens preffans, tirés de pieces non conteftées, que cet Aubert n'a jamais eû d'enfans, & n'a pas même été marié, on leurs a fait connoître que l'auteur du Martirologe avoit confondu Aubert V. avec Aubert II. qui avoit époufé Marie d'Apremont; & que l'ignorance de la famille, la conformité des noms, & les mauvais mémoires l'avoient jetté dans l'erreur.

Que doit-on donc conclure, finon que les Sieurs de Vidampierre n'ayans pû pouffer leur filiation jufqu'à la maifon d'Ourches, ont tort de perfifter à y prétendre.

Pendant qu'ils chercheront de nouvelles preuves, ou peut-être quelque nouveau Siftême, le Sieur d'Ourches répondra à quelques objections legeres qu'ils ont faites contre lui, & qui lui étoient échapées.

I. object.

La premiere eft au fujet de frere Charles d'Ourches, Chevalier de l'Ordre de Malthe, fils de Didier auteur du Sieur d'Ourches, que l'on prétend n'avoir pas été de cette maifon, parce qu'il n'a pas em-

loyé pour ſa réception, les preuves de Claude d'Ourches, qui avoit
té reçû quelques années avant lui.

Cette objection ſurprendra tous ceux qui ont quelque notion des Réponſe.
ites & uſages de cet Ordre, puiſqu'il eſt de notorieté que tous ceux
'une même maiſon, juſqu'aux freres même, lorſqu'ils ne ſont pas
ermains, ſont ſujet à faire autant de preuves qu'il y a de réception.
es Sieurs de Vidampierre ne doivent point être étonné, ſi ces deux
hevaliers ont fait chacun la leur, puiſqu'ils étoient de famille
iferente, & n'avoient de commun que le nom, l'un étant décendu
e l'ancienne famille d'Ourches, & l'autre de Thomas auteur des
ieurs de Vidampierre qui n'en a jamais été.

La ſeconde, tombe ſur Henry, ayeul du Sieur d'Ourches, qui ne II. objeĉt.
rouva que trois filiations, lorſqu'il fut recherché par les Commiſſaires établis par le Roy Tres-Chrétien, pour la recherche des faux
nobles, d'où les Sieurs de Vidampierre inferent, qu'il n'auroit pas
manqué d'en prouver beaucoup plus, & de creuſer dans l'ancienne
amille d'Ourches, s'il y avoit été bien fondé.

Il eſt juſte de lever le doute des Sieurs de Vidampierre, & de leurs Réponſe.
prendre, que ſi Henry n'a pas jugé à propos de prouver plus de trois
dégrés devant ces Commiſſaires, c'eſt que ce nombre ſufiſoit pour
prouver ſa qualité de Gentilhomme; mais qu'il n'étoit point igno-
ant de l'ancienneté de ſa maiſon, puiſque lui-même en fit la Genea-
ogie, dans laquelle il inſera 64. quartiers de nobleſſe. On les produira s'ils en ſont curieux, ils y reconnoîtront parmi ſes ancêtres,
Jean & Annelle de Receicourt, Aubert IV. & Caterine de Mandre, ils y verront même, les dégrés des maiſons de Receicourt &
de Mandre, dont la derniere portoit d'or à la bande d'azur environ-
née de ſept billettes de même.

Aprés la preuve de Henry, on réprend celle de Charles d'Ourches, III. objeĉt.
Chevalier de Malthe, & on ſe plaint que dans l'enquête qui fut faite
par les Commiſſaires de cet Ordre pour ſa réception, les Gentilshommes qui ateſterent ſes quartiers, ne dépoſerent que de deux, d'où on
conclut d'un ton déciſif que ces Gentilshommes du païs, âgés de
6o. à 8o. ans n'auroient pas manqués d'en ateſter plus grand nombre, s'ils les avoient connus.

Cette dificulté n'eſt pas de meilleur aloi que les autres; car ſi ces Réponſe.
Gentilshommes n'ont dépoſés que de deux dégrés, c'eſt parce qu'ils
n'avoient vû que le pere & l'ayeul dudit Charles, les deux autres
dégrés ayant été prouvés par tîtres : c'eſt ainſi que les preuves de

Charles furent faites, & qu'elles ont été atestées par le grand Maître d
l'Ordre, & les Procureurs de la vénérable langue de France, on n
manqueroit pas de produire cette atestation qu'on a en main, si on
jugeoit de quelque utilité au procés; on fera même voir s'il est néc
ssaire, les preuves de frere Claude d'Ourches, Chevalier de Rhôdes
fils d'Aubert & de Caterine de Mandre, qui étoit dans cette pla
lorsqu'elle fut ataquée par Mahomet II.

4. objeꝗ.  Enfin ce n'étoit point assés aux Sieurs de Vidampierre d'avoir con
testé au Sieur d'Ourches ses ancêtres & sa maison, ils ont crû, pòu
ne rien oublier, devoir lui disputer jusqu'à sa patrie, en disant com
me ils ont fait dans leurs écritures, que Charles son pere étoit co
venu plusieurs fois, que sa maison étoit de Savoye.

Mais comme cette objection nouvelle n'est fondée sur aucune preu
ve, & a été avancée *gratis*, on se contentera de la nier de même.

Réponse.  Charles I. pere du Sieur d'Ourches, étoit trop bien instruit de s
maison pour chercher son origine en Savoye, il est bien vrai qu'i
y avoit des alliances considerables, & qu'Antoinette de Saint Beli
son ayeule, avoit épousé en secondes nôces le Baron de Cornoz, qu
avoit beaucoup de bien dans ce païs là, qu'Anne d'Ourches sa tant
y avoit été mariée la premiere fois avec le Comte de la Valdiziere, &
la seconde avec le Comte de Menthon, que Henry son pere avoit ét
long-tems au service du Duc de Savoye, en qualité de Commandan
du Regiment de l'Altesse; mais toutes ces alliances & ces emplois
ne prouvent rien de l'origine de sa maison. Tous les dégrés que l
Sieur d'Ourches vient de prouver, font bien voir au contraire qu'el
le est de Lorraine, & les Sieurs de Vidampierre l'ont si bien recon
nû, qu'ils ont avoiié toutes ces preuves jusqu'à Jean VI. qui vivoi
il y a 250. ans; mais laissons toutes ces minuties, pour épluche
leurs nouveaux contredits.

### Contredits des Sieurs de Vidampierre.

On reconnoît dans cette piece, la force & le triomphe de la veri
té. Les défendeurs, dont l'ambition a percé dans les dégrés les plu
éloignés de la maison d'Ourches, viennent enfin d'échoüer à Aubert
V. & de persuader le public par un silence forcé, que son mariag
avec Marie d'Apremont est une chimere, & que leur Genealogie fi
nit à leur Thomas I.

Ce même silence a fait paroître dans tous son éclat celle du Sieu
d'Ourches

Ourches, & a convaincu les plus incredules, d'une filiation bien
ʃuivie, & prouvée juʃqu'à Aubert IV. & depuis cet Aubert, juʃqu'à la ʃouche dont cette illuʃtre famille eʃt ʃortie.

Ces preuves étoient trop éclatantes, pour être debatuës plus long-tems;
mais comme un aveu ʃincere ne leurs laiʃʃoit eʃperer, qu'une condam-
ation prochaine, ils ont crû devoir la retarder, en s'acrochant comme ils ont fait, à un moyen de nouvelle fabrique, & qui ne leurs
été connû que depuis leurs dernieres écritures. Ils ont donc per-
ʃté uniquement à ʃoûtenir que les auteurs du Sieur d'Ourches, ont
toûjours porté le nom d'Oûches; & que s'il le porte à preʃent, c'eʃt
par uʃurpation.

Mais comme on leurs avoit prouvé par des tîtres autentiques, que
depuis Aubert IV. du nom, juʃqu'à preʃent, le nom d'Ourches avoit
été perpetué dans la maiʃon; & que lui & ʃes décendans en avoient
le bien, le nom & les armes. Ils ʃe ʃont inʃcris en faux contre
la plûpart de ces tîtres, & les ont contredits, comme on le verra
ci-après.

Le premier qu'ils ataquent eʃt un contract de vente du 15. Dé-   I. object.
cembre 1487. où Jean VI. fils d'Aubert IV. aquête d'Alix
de Stainville, & eʃt nommé *Jean d'Ourches*. Ils ʃoûtiennent que ʃi
on lui a donné ce nom, c'eʃt par accident, peut-être parce qu'il
poʃʃedoit quelques portions dans la terre d'Ourches; mais ils dénient
qu'il ait jamais été de cette maiʃon; parce que s'il en avoit été &
qu'il eut été fils d'Aubert IV. il auroit été neveu d'Alix de Stainville, épouʃe de Jean frere dudit Aubert, qui n'auroit pas manqué
de lui donner la qualité de neveu, d'où ils concluent que ce Jean
VI. n'étoit point de cette maiʃon, ni de ce nom, d'autant plus que
dans ʃon teʃtament de 1488. il n'a pris que le nom de *Jean d'Oû-*
*ches.*

La ʃeconde piece qu'ils impugnent, eʃt un échange fait entre   II. object.
Robert fils de Jean VI. & Jean de Mance, le dernier Janvier 1518.
ʃigné *Robert d'Ourches.*

Ils prétendent que ce tître n'eʃt point original; mais ʃeulement un
projet de l'original en parchemin qui a été produit, & que les ʃi-
gnatures en ont été faites récemment; & fondent leurs conjectures
ʃur ce que les ʃceaux *des Sieurs d'Ourches, de Mance, d'Ala-*
*mont, du Hatois, Saint Maurice, Thomas de Failly, Gorcy,*
*Lermoiʃes* y dénommés, n'étant point ʃur l'acte en papier; mais ʃur
le parchemin, on doit reconnoître ce dernier pour original.

Ils ajoûtent, que fi ledit acte en papier étoit original, il auroi
été dépofé comme minutte, chez un Notaire, & l'acte en parchemin qui en feroit la groffe, auroit été expedié par un Notaire, qu'o
y feroit mention des fignatures appofées au bas de la minutte, que tou
tes ces formalités manquant, on ne peut regarder cet acte produi
comme original.

Ils pouffent la fufpicion plus loin, & foûtiennent que les figna
tures font toutes récentes, & qu'on a coloré l'ancre pour leurs don
ner un œil d'antiquité.

Que cette piece eft déchirée & réunie avec un tiret.

Que Robert d'Ourches, eft dénommé *d'Oûches*, dans le corp
de la piece.

Enfin que fi cette piece avoit été fignée lorfqu'elle fut faite, o
auroit fait mention qu'elle l'a été. De tout quoi, ils concluent qu'ell
eft fauffe & doit être rejettée.

III. object. La troifiéme piece qu'ils conteftent, eft un dénombrement de 1534
ou ledit Robert eft nommé *Robert d'Ourches*. Ils prétendent qu'ell
eft fufpecte, parce qu'elle n'eft produite qu'en copie, & qu'elle énor
ce ridiculement que ce dénombrement fut prefenté en 1504. & v
rifié feulement en 1534.

Tous les autres contracts produits par le Sieur d'Ourches, où f
auteurs ont pris le nom *d'Ourches* font avoüés; mais ils foûtien
nent, qu'ayant prouvé que Jean VI. Robert & Didier premiers au
teurs dudit Sieur d'Ourches, n'avoient jamais ufé que du nom d'Oû
ches, & la fauffeté de ceux qui lui en avoient donné d'autre. L
nom d'Ourches que leurs décendans ont pris eft une marque de leu
ufurpation.

Telles font les raifons de fufpicion & de fauffeté, que les Sieur
de Vidampierre ont déduits contre la preuve, que le Sieur d'Ourche
a fait de fon nom.

Du nom ils paffent aux armes, & comme on avoit prouvé pa
les fceaux d'Aubert IV. Jean VI. Robert, Didier, Nicolas, b
fayeul du Sieur d'Ourches, que les mêmes armes ont été perpetué
dans fa famille. Ils font contraints de les avoüer toutes, à la referv
de celles de Robert, dont ils prétendent que l'écu devant être d'ar
gent, au Lion de fable, armé, denté, couronné, lampaffé de gueu
le, & gerbé d'or, fe trouve chargé d'autres pieces, outre le Lior
D'où ils inferent, que les armes dudit Robert, n'étant pas celle
d'Ourches, fes décendans n'ont pû les prendre fans injuftice.

Le Sieur d'Ourches pour faire une preuve complette, avoit prouvé que le même nom, les mêmes armes, & la Seigneurie ou Château d'Ourches, n'étoient point sortis de sa maison depuis Aubert IV. Mais comme les Sieurs de Vidampierre n'ont point eû de raisons pour débatre ces preuves, ils ont fait comprendre par leur silence, qu'ils les admettoient. On a donc seulement à répondre à la variation du nom d'Ourches, en Orches, Oûches, &c. & montrer qu'elle n'est point considerable, & rétablir les pieces qui ont été contestées. C'est ce qu'on s'est proposé de faire dans la production suivante, selon le même ordre, qu'ils ont observé dans leurs contredits.

### Cinquiéme production du Sieur d'Ourches.

Les Sieurs de Vidampierre ont jetté leurs premiers feux contre le contract de vente de l'année 1487. où Jean VI. a pris le nom de Jean d'Ourches ; & ont soûtenu cet acte suspect, parce que ce Jean n'y est pas dénommé neveu d'Alix de Stainville sa tante, avec laquelle il contractoit ; & parce qu'il prit le nom d'Oûches dans son testament de l'an 1488.

On n'avoit pas oüi jusqu'à present qu'une omission de qualité pût faire soupçonner la foi d'un contract autentique ; mais comme on s'est proposé de répondre à tout : il faut satisfaire les Sieurs de Vidampierre sur leurs moindres doutes. On les invite donc à voir les actes de ce tems-là, & ils cesseront de croire qu'une omission de cette nature mérite aucune attention, puisque rien n'étoit plus commun.

On voit sans sortir de la famille, que Robert, Prieur de Saint Thiebault de Vaucouleur, & d'Apremont, ne prit point la qualité de frere dans le jugement arbitral qu'il rendit l'an 1447. entre Aubert & Jean d'Ourches ses freres.

Aubert IV. Geoffrois de Verrieres, & Jean d'Ourches ne prirent pas la qualité de parens, dans la presentation qu'ils firent conjointement, à la Chapelle de Saint Nicolas d'Ourches l'an 1453. quoique les deux premiers fussent beaux-freres, & l'autre leur neveu.

On ne voit pas qu'Aubert & Robert d'Ourches, fils de Jean VI. ayent pris la qualité de freres dans la transaction qu'ils firent avec le Chapitre de Toul l'an 1495. Où en seroit-on, si on vouloit soupçonner tous ces actes, par raport à ces omissions. On les a produit pour épargner le soin aux Sieurs de Vidampierre d'en chercher une infinité d'autres du même siecle, & passé dans la même maison, où ils pouroient trouver les mêmes raisons de suspicion.

On quite donc ces conjectures legeres, pour examiner celles qu'ils tirent de la varieté des noms d'Oûches & d'Ourches, qui sont dans ledit acte & le testament de 1488.

On avoit quelques raisons de croire qu'ils cesseroient d'insister sur cette vetille, après avoir vû que toutes les maisons de Lorraine avoient éprouvé cette variation, dans leur nom, dont pas un n'avoit été à l'abri de la corruption du langage. On croit avoir désigné partie de celles qui y ont été sujettes, & montré en particulier, que jamais nom, n'avoit été plus souvent estropié que celui d'Ourches. On ajoûtera seulement aux preuves qu'on a donné, un exploit d'assignation donné à Aubert I V. auteur non contesté en l'an 1462. où il est nommé Aubert d'Ourches, & son fils Aubert d'Orches, que l'une & l'autre des parties se font honneur de reconnoître.

Si cet Aubert a soûfert cette alteration en son nom de son vivant, ses successeurs pouvoient-ils prétendre d'être traité plus favorablement ? les Sieurs de Vidampierre eux-mêmes sont obligé d'avoüer ce changement pour leur Thomas II. qui a pris le nom d'Orches dans un titre qu'eux-mêmes ont produit ; & la réflexion qu'ils font, qu'ils ont ajoûté la lettre R à ce nom, du consentement de Monsieur de Beauvau, leurs fait avoüer, quoiqu'à regret cette verité ; puisque l'aveu qu'ils font d'avoir ajoûté un R au lieu de cette lettre qui étoit éfacée, prouve qu'il étoit dénommé *d'Osches* ou *d'Orches*, & non d'Ourches dans cet original. Ils conviendront donc, par identité de raison, que s'ils ont soûfert l'éclipse d'un U dans leur nom, d'autres y ont été sujets comme eux, & que si l'usage a changé leur nom en celui *d'Orches*, il a pû changer celui du Sieur *d'Ourches* en *Oûches*.

On a déja fait connoître par les titres produits, que cette alteration ne faisoit aucune consequence ; puisque ceux-même qui ne sont point contesté, & sont reconnu du nom *d'Ourches*, ont porté indiferement ceux d'Ourches & d'Oches ; on a seulement ajoûté dans cette derniere production quelqu'autres titres, qui confirment cette verité ; comme des institutions de 1523. 1553. & 1572. dans lesquelles sçavoir, dans les premieres, Cristophe frere de Jean V I. est dénommé *d'Ourches* & Seigneur d'Ourches en partie.

Dans la seconde Adrien son fils prend le nom d'Orches, Seigneur d'Ourches en partie.

Dans la troisiéme on nomme Marie *d'Orches* la fille aînée de cet Adrien, & ses deux sœurs Jeanne & Renée *d'Ourches*, & le village d'Ourches est apellé *Orchies*.

Devoit-on aprés des variations si frequentes justifiées dans la même famille, & dans les mêmes personnes, continuer à équivoquer sur
une lettre de plus ou de moins; puisqu'il avoit été prouvé qne no-
obstant ces altérations, causées par la grossiereté du langage, le
nom d'Ourches a été perpetué dans la maison du Sieur d'Ourches
depuis ses auteurs avoüés.

On ne dénie point qu'Aubert IV. n'ait porté le nom *d'Ourches*,
on a déja justifié par titres non contestés, que Jean VI. avoit eû le
même nom; & que ses décendans l'avoient toûjours gardé. Mais pour
fortifier cette preuve on a produit par production nouvelle, un traité
de 1484. entre ce Jean VI. & le Chapitre de la Catédrale de Toul,
où il prend le nom de Jean *d'Ourches*, avec la qualité de Seigneur
d'Ourches en partie, le Chapitre celle de Seigneur *d'Oûches*, & les
habitans sont nommés *d'Oûches*.

Ce même Jean VI. dans une lettre adressée au Chapitre, écrite
& signée de sa main, prend le nom *d'Ourches*.

Cristophe son frere est reconnu sous le même nom, dans des institutions données sur sa presentation en 1523. 1524. & 1531.

Aubert fils aîné de Jean VI. prit le nom d'Ourches, dans une
reprise qu'il fit du Chapitre de Toul en 1518.

Enfin Robert son cadet se servit du même nom, dans un titre de
l'Eglise de Toul de l'an 1520.

Tous ces titres produits, & non contestés, découvrent la foiblesse des contestations des Sieurs de Vidampierre, qui s'aheurtent à
debatre un titre de faux, sur ce que Robert fils de Jean VI. y paroît
dénommé Robert d'Ourches; pendant qu'ils avoüent ceux où son
pere a pris le même nom; & qu'ils ne désavoüent point ceux où ce
même Robert, & ses successeurs s'en sont servi. On mépriseroit les ata-
ques languissantes qu'ils font à cette piece; si on n'avoit résolu de
les réfuter en tout, & de montrer au public, que leurs écritures
ne sont pleines que de supositions ou d'inutilités.

La 2. piece qu'ils ataquent, est le contract d'échange de 1518. dont
la minutte signée de Robert d'Ourches, a été produite en papier,
& la grosse en parchemin. Ils prétendent que cet acte en papier,
quoiqu'il paroisse signé des parties & des témoins, n'est point original, mais seulement un projet de celui qui a été rédigé en parchemin, parce que leurs sceaux n'ont été aposé que sur le parchemin,
que cette minutte n'a point été déposée chez un Notaire, que la
grosse ne fait pas mention des noms de ceux qui ont signé la minutte,

& qu'elle n'a été signée par une personne publique : d'où ils inferent, que cette minutte est fausse, & que les signatures qui sont au bas, ont été aposées récemment & aprés coup. Ils ajoûtent que cet acte est suspect, parce qu'il est laceré & réüni avec un tiret.

Les Sieurs de Vidampierre prouvent en critiquant cette piece, qu'ils ignorent autant l'antiquité, qu'ils sont prompts & hardis à la critiquer ; car s'ils en avoient quelque teinture, ne sçauroient-ils pas que dans le siecle où cette piece a paru, les parties ni les témoins n'aposoient jamais leurs armes sur la minutte, que lorsqu'il étoit douteux si elle seroit mise en grosse ; mais que la minutte étoit seulement signée, & la grosse munie des sceaux des parties & des témoins. Celle dont s'agit est de cette catégorie, la minutte fut signée d'abord, & la grosse qui fut expediée sur le champ, fut seulement scellée selon l'usage du tems ; & si le Notaire qui la rédigeât, ne fit pas mention de ceux qui avoient signé à la minutte, il suivit en cela le même usage qui n'avoit point encore introduit cette formalité ; & on invite les Sieurs de Vidampierre, à produire des titres du siecle où on trouve cet énoncé, ou pour mieux s'instruire de l'usage des tems, de lire le Pere Mabillon. *De Re Diplomatica.*

Qu'ils rayent donc de leurs écritures ce qu'ils ont avancé témérairement, que ces signatures ont été aposées récemment & aprés coup ; & qu'on a coloré l'encre pour lui donner un œil d'ancienneté, sinon le Sieur d'Ourches se fera à lui-même une réparation autentique, en produisant la piece aux yeux de tous ceux qui voudront la voir, & fera connoître par là, que cette alteration prétenduë est une insigne suposition de la part des Srs. de Vidampierre.

La laceration de cet acte n'en peut point faire soubçonner, ni la validité ni la foi, puisqu'elle ne vient que d'ancienneté, & n'empêche pas qu'on ne lise la signature de Robert d'Ourches sans aucune alteration ni diminution.

La réflexion qu'ils ont fait sur les noms d'Oûches inserés dans le corps de la piece & diferents de la signature, n'est pas plus considerable, puisque cette variation, comme on l'a déja dit tant de fois, fait seulement connoitre le mauvais langage du tems, qui nommoit d'Our-ches dans la pureté du langage, & d'Oûches par corruption.

De cette piece ils tombent sur le dénombrement de 1534, qu'ils soubçonnent de fausseté, parce qu'il n'est produit qu'en copie, & qu'il est incroyable que cet acte ait été presenté en 1504. suivant qu'il est énoncé, & verifié seulement en 1534.

De l'oblicité de ces inductions, on peut juger qu'ils font réduits
fe fervir de tout, & à employer pour leurs défenfes, jufqu'aux rai-
ʃns qui font contr'eux.

Où en feroient-ils en éfet, fi on avoit raifonné comme eux, &
ʃbatu de fauffeté leur production qui eft prefque toute en copies. Il
ʃut donc qu'ils conviennent de bonne foi, plus pour leur interêt
ʃe celui du Sieur d'Ourches, dont la plûpart des titres font origi-
ʃaux, que cette copie collationnée, ancienne & relative à cent au-
ʃes titres, fait une foi pleine & entiere; & que le tems qui s'eft
ʃoulé depuis la prefentation jufqu'à la vérification, n'eft point une
ʃifon de fufpicion, mais feulement une marque du peu de foin
ʃ'on a eû de faire vérifier cet acte.

Mais à quoi bon s'arêter à foûtenir la foi de ces actes qu'on ata-
ʃe fi foiblement, puifqu'ils font confirmé par d'autres non conte-
ʃés dans lefquels ce même Robert a pris le nom d'Ourches.

La dificulté qu'ils ont fait fur les armes, ne mérite pas plus d'a-
ʃntion, puifque depuis Aubert I V. inclufivement, jufqu'à Charles
ʃI. partie au procés, on contefte celles de Robert feulement. La dé-
ʃfion dépend de l'infpection des armes qui font produites, il ne faut
ʃ'avoir des yeux pour en juger.

Le furplus des écritures des Sieurs de Vidampierre, tendent à prou-
ʃr que Thomas I. leur auteur a eu quelque portion dans les Sei-
ʃneuries d'Ourches & de Longor par heredité, fondés fur ce que ce
ʃhomas a vendu cette portion en 1512. pour le prix de 20. écus ou
ʃnviron.

ʃOn croit avoir fufifamment répondu à ce paradoxe, en prouvant
ʃ'il ne pouvoit avoir eû cette portion dans Longor par fucceffion,
ʃuifque dés l'année 1463. elle avoit été échangée par Aubert I V.
ʃuteur du Sr. d'Ourches, contre les villages de Viller en hays & de
ʃogéville.

On voit dans le progrés de cette procedure, que les parties ont  Récapitu-
ʃontefté bien diferemment. La folidité des preuves du Sr. d'Ourches, lation.
ʃe laiffe aucun doute qu'il ne foit iffu de la maifon de ce nom. La
ʃibleffe au contraire de celles des Sieurs de Vidampierre, jointes
ʃux variations dans lefquelles ils font tombé à chaque pas, montrent
ʃffés qu'ils n'en font point, & qu'ils font incertains de leur Genea-
ʃogie. Le Sieur d'Ourches a d'abord prouvé cinq dégrés dans fa pre-
ʃniere production.

Les Sieurs de Vidampierre les ont fi bien reconnus, qu'ils n'ont ofé les contefter par leurs contredits ; mais ils ont prétendu prouver feulement qu'ils étoient iffus de la même maifon, & ont choifi pour auteur Thomas I.

Le Sr. d'Ourches a pouffé plus loin fa Genealogie dans dans la feconde production en l'augmentant de cinq degrés, & a dénié que Thomas auteur des Sieurs de Vidampierre fut de la maifon d'Ourches.

Ils n'ont pas ofé contefter dans leurs contredits les dix dégrés du Sieur d'Ourches, mais ils ont pouffé leur filiation jufqu'à fes auteurs, & ont fait naître leur Thomas d'Aubert V. & Marie d'Apremont, fondés fur le teftament de Jean V. & le Martirologe de Malthe.

On leurs a prouvé dans la troifiéme production, par une Genealogie complette, tant en ligne directe que collaterale, que leur Thomas n'en étoit point iffu, que le teftament & le Martirologe dont ils s'étoient fervis, étoient inutils & pleins d'anacronifmes, qu'Aubert V. n'avoit jamais été marié, & que Marie d'Apremont vivoit prés de cent ans avant lui.

Dérangés & convaincus par cette fauffeté évidente, ils n'ont plus fongé qu'à entraîner dans leur chûte le Sieur d'Ourches; & fans confiderer qu'ils avoient dans leurs contredits précedents avoüé tous fes dégrés, ils ont changé de Siftême, & foûtenu que Jean VI. fon auteur n'avoit jamais été fils d'Aubert IV. & de Caterine de Mandre, debatu de faux un partage de 1499. qui l'énonce ; & avancé que les auteurs du Sieur d'Ourches n'avoient jamais eu que le nom d'Oûches avant Nicolas fon bifayeul.

On leurs a montré dans la quatriéme production que Jean VI. étoit fils d'Aubert IV. & de Caterine de Mandre, & prouvé que le partage de 1499. ne pouvoit être foupçonné, puifqu'il avoit été executé, ne contenoit rien que de veritable, & étoit rélatif à plufieurs autres titres, qui indépendamment dudit partage prouvoient cette filiation ; que le nom d'Ourches n'avoit dégeneré en d'Oûches que par coruption de langage ; & que les mêmes qui avoient porté ce dernier, s'étoient fervi indiferemment de celui d'Ourches depuis Aubert IV. auteur non contefté, que fes décendans jufqu'au Sieur d'Ourches partie en la caufe, avoient toûjours eû les mêmes armes, & les biens de la famille ; fans que les Sieurs de Vidampierre ayent pû juftifier que leurs auteurs euffent jamais porté ces armes. On les a fommé de reprefenter quelques tîtres paffé par Aubert V. où fes prétendus décendans qui juftifiat que leur Thomas I. fut fon fils.

Enfin

Enfin pouſſés à bout, ils n'ont plus oſé ſoûtenir leur prétenduë filiation, & n'en ont plus parlé dans leurs derniers contredits, mais s'atachans uniquement à la Genealogie du Sieur d'Ourches, ils ont debatus deux tîtres, où ſes ancêtres ont pris le nom d'Ourches.

On a rétabli ces tîtres dans la cinquiéme production, & prouvé par pieces non conteſtées, le nom d'Ourches dans la maiſon d'Ourches depuis Aubert I V. auteur reconnu.

De toutes ces productions, réſultent deux verités.

La premiere, que les Sieurs de Vidampierre ne ſont pas de la maiſon d'Ourches, puiſqu'eux ni leurs auteurs n'en ont jamais porté les armes, & que leur Thomas premier n'a jamais été de cette maiſon, ni fils d'Aubert V.

La ſeconde, que le Sieur d'Ourches en eſt originaire, puiſque ſes auteurs en ſont iſſus, & qu'ils en ont toûjours porté le nom & les armes.

C'eſt ce qui lui donne lieu d'eſperer de la juſtice de SON ALTESSE ROYALE, que, ſans s'arêter à la demande des Srs. de Vidampierre, il lui plaira le maintenir & garder au droit & poſſeſſion du nom & des armes de la maiſon d'Ourches, comme ſeul titulaire & originaire d'icelle ; & pour le trouble injurieux cauſé par les Sieurs de Vidampierre, les condamner à comparoir par devant Meſſieurs les Mareſchaux de Lorraine, pour déclarer que fauſſement & temerairement, ils l'ont qualifié d'uſurpateur deſdits noms & armes, lui en demandent pardon, le reconnoiſſent pour veritable titulaire de l'un & l'autre, leur faire défenſe de les porter à l'avenir, lui permettre de les faire rayer dans tous les lieux où leurs auteurs s'en ſont décoré, les condamner en outre, à telle amende ou peine qu'il plaira à SON ALTESSE ROYALE d'arbitrer, aux dommages & interêts apliquables en aumônes & aux dépens.

*Servate domum ſervate nepotes.*

H

# ERRATA.

PAg. 14. linea 30. qu'ils font pere, *lisez* qu'ils font pere & mere
Pag. 18. lin. 14. qu'il n'a jamais pris, *lisez* qui n'a jamais pris.
Pag. 19. lin. 24. ils n'ont pas cependant prouvé, *lisez* puisqu'ils
n'ont pas prouvé. lin. 25. qu'ils en ont eu les armes, *lisez* qu'ils
en eussent eu. lin. 26. il veut aussi, *lisez* il veut encore.
Pag. 24. lin. 27. qu'il ne compte pas, *lisez* qu'il ne conste pas.
Pag. 25. lin. 33. qualifié, *lisez* & qualifié.
Pag. 27. lin. 22. qu'il est vrai, *lisez* qu'il soit vrai. lin. 32. c'est ce
qui se sont éforcé, *lisez* c'est ce qu'ils se sont éforcé.
Pag. 28. lin. 5. ne laissant aucun doute qu'il ne soit issu, *lisez* ne
laissent aucun doute qu'ils ne soient issus.
Pag. 29. lin. 2. qu'ils ne sont pas, *lisez* qu'il n'étoit pas. ibid.
puisqu'ils n'en ont pas, *lisez* puisqu'il n'en ayoit pas.
Pag. 33. lin. 8. infaillibe, *lisez* infaillible.